生态环境
行政处罚50问

生态环境部生态环境执法局
生态环境部环境工程评估中心 著

SHENGTAI HUANJING
XINGZHENG CHUFA 50 WEN

中国环境出版集团·北京

图书在版编目（CIP）数据

生态环境行政处罚50问 / 生态环境部生态环境执法局，生态环境部环境工程评估中心著. -- 北京：中国环境出版集团，2025. 6.（2025.7重印）-- ISBN 978-7-5111-6257-1

Ⅰ. D922.680.5

中国国家版本馆CIP数据核字第2025A00X64号

责任编辑 孙 莉
封面设计 岳 帅

出版发行 中国环境出版集团
（100062 北京市东城区广渠门内大街16号）
网　　址：http://www.cesp.com.cn
电子邮箱：bjgl@cesp.com.cn
联系电话：010-67112736（第五分社）
发行热线：010-67125803，010-67113405（传真）

印　　刷 北京中科印刷有限公司
经　　销 各地新华书店
版　　次 2025年6月第1版
印　　次 2025年7月第3次印刷
开　　本 787×1092　1/32
印　　张 4.625
字　　数 80千字
定　　价 18.00元

《生态环境行政处罚 50 问》编委会

主　　编：赵群英　谭民强

副 主 编：史庆敏　孙振世　张辉钊

王冬朴　王亚男　周广飞

编　　委：肖静　张宝　王玉宏　刘伟

钱永涛　李铮　张大为　牛光甲

柴西龙　王治国　杜瑞康　张健

孙孜菲　杨雾晨　刘亚萍　徐志立

姚义兰　刘牧远

编写人员（按姓氏笔画排序）：

田蕴　刘亚萍　刘牧远　杨申卉

杨雾晨　张健　钟黄蓉　姚义兰

徐志立　郭珺

统　　稿：杨雾晨

序 言

2023 年 5 月，生态环境部印发的《生态环境行政处罚办法》（以下简称《处罚办法》）是全面贯彻落实党的二十大精神，深入践行习近平生态文明思想、习近平法治思想，坚持用最严格制度最严密法治保护生态环境，推进生态环境领域依法行政的重要体现。《处罚办法》准确把握《中华人民共和国行政处罚法》（以下简称《行政处罚法》）的精神实质和核心要义，进一步规范生态环境行政处罚，突出精准、科学、依法治污，保障执法既有力度又有温度。

在基层执法实践中，部分生态环境执法人员对法律规范的解读和适用会出现不同的理解，有些理解和思路是错误的。为了帮助一线生态环境执法人员解决行政处罚过程中的难点问题，本书将常见的 50 个问题划分为基本问题，管辖和实施主体问题，处罚程序相关问题，查封、扣押相关问题，处罚决定执行相关问题，不予处罚相关问题，行政处罚其他问题等 7 个章节，并给出相关解读和与问题关联的法条，希望能为生态环境执法人员提供参考。

本书第一章由杨雾晨、刘牧远、张健撰写，第二章由杨雾晨、杨申卉撰写，第三章由刘亚萍、杨雾晨、姚义兰撰写，第四章由徐志立、钟黄蓉撰写，第五章由刘亚萍、田蕴撰写，第六章由刘亚萍、郭珺撰写，第七章由刘亚萍、杨雾晨、刘牧远撰写。

我们将本书制作成口袋书，使其成为一本便携的实用工具书。希望本书能为生态环境处罚工作法治化规范化水平不断稳健提升、美丽中国和法治政府建设行稳致远提供助力。

由于编者水平有限，书中难免存在疏漏与错误，敬请广大读者批评指正。

作者

2025 年 1 月

目　录

第一章 基本问题 /001

第二章 管辖和实施主体问题 /031

第三章 处罚程序相关问题 /041

第五章 处罚决定执行相关问题 /093

第六章 不予处罚相关问题 /103

第七章
行政处罚其他问题 /111

第一章

基本问题

SHENGTAI HUANJING
XINGZHENG CHUFA 50 WEN

第一章

1 实施行政处罚时，如何坚持处罚与教育相结合的原则？

答：坚持处罚与教育相结合，是行政机关实施行政处罚应当遵循的一项重要原则。它是指行政机关在实施行政处罚，惩戒违反行政管理秩序的公民、法人或者其他组织的同时，也要教育违法当事人及其他相关社会成员吸取教训，不再实施违法行为。[1] 行政处罚不是目的，而是一种手段，给予行政处罚绝不单纯是为了惩罚，只有坚持处罚与教育并重的原则，才能真正达到实施处罚的目的。

坚持处罚与教育相结合的原则体现在实施行政处罚全过程的各个环节中。如在调查取证阶段，生态环境主管部门应当向当事人指出违法之处，并告知违法行为的危害结果，以及改正违法行为或消除后果的具体做法；在告知阶段，应当告知当事人拟作出行政处罚的内容、事实、理由及依据和当事人依法享有的陈述、申辩、要求听证等权利，对其进行法律宣传教育；在听证阶段，通过听证会向当事人陈述违法事实、列举相关证据、援引法律条款，以实现宣讲法律的作用，使当事人从中受到教育；[2] 在作出处罚决定阶段，应在行政处罚决定书中向当事人说明违法事实和证据，行政处罚的种类、依据和理由，摆事实讲道理，让当事人不仅知其然，而且知其所以然。此外，生态环境主管部门对当事人的违法行为依法不予行政处罚时，也必须对当事人进行教育，可以通过告诫提醒、指导约谈、签订承诺书等形式告知当事人违法事实、认定违法的理由依据、应当履行的义务等，教育当事人及时纠正违法行为，确保整改到位，提高守法意识，减少和防止违法情况的再次发生。

教育是处罚的目的和基础，处罚是教育的手段和保证，两者相辅相成，缺一不可。生态环境主管部门实施行政处罚时，既不能片面强调处罚，一罚了事、不教而诛，也不能放纵违法行为，以教代罚、怠于作为。应当把处罚手段和教育目的结合起来，同时还要区分不同情况，对违法行为人进行制裁和惩戒，运用口头或书面等方式对公民、法人和其他组织进行教育，使其知法懂法，督促其增强法治观念，引导其自觉守法。

关联法条

《行政处罚法》第六条、第三十三条第三款；《处罚办法》第三条。

2 执法人员应当如何落实回避制度[3]？

答：回避制度是程序正当的基本要求，是指执法人员同处理的案件有利害关系或者有其他关系可能影响公正执法的，应当退出相关执法活动并由其他执法人员处理案件的制度[4]。建立回避制度的主要目的在于防止偏私，保障公正。

回避情形是适用回避制度的核心要件，《处罚办法》第六条细化了《行政处罚法》第四十三条规定的“执法人员与案件有直接利害关系或者有其他关系可能影响公正执法的，应当回避”情形，具体包括以下几种：（1）执法人员是本案当事人或者是当事人近亲属。根据公务员管理的相关规定，实践中执法人员为案件当事人的情况基本不存在。《中华人民共和国公务员法》第七十四条第一款规定，近亲属范围包括“公务员之间有夫妻关系、直系血亲关系、三代以内旁系血亲关系以及近姻亲关系”，如配偶、父母、子女、兄弟姐妹、祖父母、外祖父母、孙子女、外孙子女以及伯叔姑舅姨、堂兄弟姐妹、表兄弟姐妹、侄子女、甥子女等亲属。（2）执法人员本人或者近亲属与本案有直接利害关系。“直接利害关系”可理解为“具有事实上的实体性利益且与处罚结果存在可以证明成立的因果关系”，如债权债务关系、商务合作关系等。若违法行为主体为公司或其他组织的，执法人员或其近亲属是公司股东（投资人），或与公司有利益关系，可认定为有直接利害关系。（3）执法人员与本案有其他关系可能影响公正执法。除上述直接利害关系以外的关系，如朋友、师生、同学、战友关系等，以及参照《最高人民法院关于审判人员在诉讼活动中执行回避制度若干问题的规定》第二条规定的可能影响公正执法的情形，可以认定为与本案有“其他关系”。（4）法律、法规或者规章规定的其他回避情形。

回避的方式包括：（1）自行回避，即执法人员在得知自己存在回避的情形之后，主动提出回避，退出案件办理。不同执法人员的回避程序不同，生态环境主管部门主要负责人的回避，由该部门负责人集体讨论决定；生态环境主管部门其他负责人的回避，由该部门主要负责人决定；其他执法人员的回避，由该部门负责人决定。（2）申请回避，即当事人在获知执法人员存在回避的情形后，提出回避申请。当事人提出回避申请的，在生态环境主管部门负责人作出回避决定之前，为防止证据灭失，保证调查工作顺利开展，执法人员不停止调查工作。只有当生态环境主管部门负责人作出准予执法人员回避的决定后，执法人员才能退出案件的调查。即使生态环境主管部门负责人作出准予回避的决定，执法人员之前调查收集的证据依然具有合法性。[5]

申请回避是当事人享有的一项重要权利，生态环境主管部门应当及时告知当事人，切实保障当事人行使这一权利。特别是在调查取证环节，在现场检查（勘察）笔录、调查询问笔录上，要有告知当事人申请回避权利的明确记录，并由当事人在笔录上手写“我已经听清楚，已知晓享有陈述申辩的权利，不申请回避”或“我已经听清楚，已知晓享有陈述申辩的权利，因 ×× 原因，申请回避”，以保证当事人的合法权益得以实现。

关联法条

《行政处罚法》第四十三条；《处罚办法》第六条。

3 如何理解和适用“对当事人的同一个违法行为，不得给予两次以上罚款的行政处罚”？

答：为解决执法实践中重复罚款和多头罚款问题，充分保护当事人合法权益，维护行政处罚的公平，《行政处罚法》和《处罚办法》均明确规定“一事不再罚”原则，即对当事人的同一个违法行为，不得给予两次以上罚款的行政处罚。

首先，生态环境主管部门要重点关注“同一违法行为”的认定。此处“不得给予两次以上罚款的行政处罚”的处罚规定是针对当事人的同一违法行为而言的，如果不是同一违法行为，就不属于“一事”，也就不适用“一事不再罚”。如果当事人存在两个或者两个以上的违法行为，则应分别予以处罚。当事人实施的违法行为是一个行为还是数个行为，要以违法行为的构成要件为基础，综合考虑行为人的主观意图、行为的外在形态和所处的时空状态、受侵害的法益属性及多个法益之间的关系等因素，并在遵循有关拟制行为个数的法律规定的前提下加以认定。[6]一般而言，同一个违法行为可以界定为同一行为主体在紧密连接的同一时间、空间内基于同一意思而实施的一次行为。[7]在执法实践中，生态环境主管部门还应注意违法行为继续或连续状态对违法行为个数判定的影响，应区分以下两种情形：一是继续性违法行为。例如，需要配套建设的环境保护设施未建成、未经验收或者验收不合格，建设项目即投入生产或者使用的，其违法行为处于继续状态。在继续性违法行为中，中间短时间内停止其不法行为并不中断继续性违法行为。例如，“未验先投”的违法行为在实施过程中停产几天后又进行设备检修，继续生产的，就属于这种情况。[8] 二是连续性违法行为。即行为人基于同一个违法故意，连续实施数次同一性质的违法行为。将连续性违法行为作为一个违法行为予以处罚的主要考虑是，对于连续数次的违法行为如果认定为数个违法行为分别实施处罚，采取累积并罚的方式，可能罚款数额会过于巨大。考虑比例原则，将连续性违法行为视为一个违法行为，但总体上又难以体现过罚相当原则的要求，并可能带来纵容违法行为的风险。当然，如果法律规范明确规定对连续性违法行为不作为一个违法行为实施行政处罚，并将违法行为的次数作为处罚情节予以考虑的，应当从其规定。法律规范同样可以从时间、空间或者次数等方面对连续性违法行为进行切割，并据此确定违法行为的个数。[9] 所以，连续性违法行为是否视为一个违法行为仍应根据个案情况进行判断。

此外，还需要重点关注法条竞合，主要是指同一个违法行为同时违反多个法律规范或者多个行政机关都具有行政处罚权的情况。由于法条竞合只有一个违法行为，因此原则上只能处罚一次。这里所指违反的多个法律规范，可以是不同的法律法规，也可以指同一法律法规中的不同规范条文。例如，在人口集中地区焚烧医疗废物的行为，既违反《大气污染防治法》的规定，又违反《固体废物污染环境防治法》的规定；又如，企业将产生的污泥直接用水稀释后排入城市下水道的行为，同时违反《水污染防治法》和《固体废物污染环境防治法》。此时，生态环境主管部门应当按照《立法法》确定的“上位法优于下位法”“新法优于旧法”“特别法优于一般法”等关于法律冲突解决机制的规定选择法律适用。如果多个法律规范之间具有异位法关系的，则适用“上位法优于下位法”规则；如果多个法律规范之间具有同位法关系，构成要件具有重合性的，适用“新法优于旧法”规则；若构成要件具有包含性的，一般适用“特别法优于一般法”规则。例如，根据生态环境部《关于恶臭气体超标排放法律适用有关问题的复函》（环办法规函〔2020〕

122 号），餐饮服务业经营者未安装油烟净化设施、不正常使用油烟净化设施或者未采取其他油烟净化措施，超过排放标准排放油烟的，同时违反《大气污染防治法》的第十八条和第八十一条，按照特别条款优于一般条款的原则，应当适用《大气污染防治法》第一百一十八条第一款的规定予以处罚；还有企事业单位和其他生产经营者未采取措施防止排放恶臭气体，导致恶臭气体超标排放的，同时违反《大气污染防治法》的第十八条和第八十条，应当适用处罚较重的条款，即适用《大气污染防治法》第九十九条第二项的规定予以处罚。

“一事不再罚”原则只是同一事不再罚款，罚款与其他行政处罚种类以及其他行政处罚种类相互之间，如吊销许可证件、限制生产、停产整治等并不存在不能并罚的问题。因为不同种类的行政处罚在制裁效果和目的上都有较大差异，并处更有利于实现行政处罚目的。[10]不得给予当事人两次以上罚款的行政处罚，包括同一个生态环境主管部门不得给予当事人两次以上罚款的行政处罚，也包括不同生态环境主管部门之间，或者生态环境主管部门与其他行政机关不得同时给予当事人两次以上罚款的行政处罚。

关联法条

《行政处罚法》第二十九条。

4 如何理解“同一个违法行为违反多个法律规范应当给予罚款处罚的，按照罚款数额高的规定处罚”的规定?

答：2021年实施的新修订的《行政处罚法》确定的“择一从重”处罚原则不仅有助于实现过罚相当的实质正义要求，而且可避免对同一违法行为进行重复评价。[11]

首先，“多个法律规范之间”应该不存在上位法与下位法之间、一般法与特别法之间、新法与旧法之间的关系，否则就需要分别适用上位法、特别法或者新法来实施罚款，而非按照罚款数额高的规定处罚。

其次，“按照罚款数额高的规定处罚”的“就高”原则是以法律规范规定的罚款数额为标准，而不是生态环境主管部门实际处以的罚款数额为准。换言之，就是A法与B法都对同一违法行为作出罚款规定，哪个法律规定罚款数额高就适用哪个法律，不能根据实际处罚的罚款数额比较。对于固定数额的罚款，直接适用罚款数额高的规定给予罚款处罚。例如，对当事人的同一个违法行为，A 法规定处以 5 000 元罚款，B 法规定处以 3 000 元罚款，则直接适用 A 法处 5 000 元罚款的规定，给予当事人 5 000 元的罚款处罚。对于给出上限、下限设定幅度模式的罚款处罚，“就高”原则是先比较罚款上限，适用罚款上限高的规定，若罚款上限一致，适用罚款下限高的规定。例如，A 法规定的罚款是“2 万～ 20 万元”，B 法规定的罚款是“2 万～ 10 万元”，那该案应当适用 A 法而不是 B 法；若 A 法规定的罚款是“1 万～ 10 万元”，B 法规定的罚款是“2 万～ 10 万元”，则适用 B 法予以处罚。从形式上难以比较数额高低的，如当一部法律规定了罚款额，另一部法律规定以违法所得为计算罚款的标准时，则按照该案适用两法的结果进行比较。例如，A 法规定对违法行为罚款 10 万～ 100 万元，B 法规定按违法所得的 3 倍进行处罚，如果当事人违法所得是 20 万元，那么依据 A 法最高可罚 100 万元，依据 B 法最高可罚 60 万元，则该案应当适用 A 法。

关联法条

《行政处罚法》第二十九条。

5 “从旧兼从轻”原则在实践中如何适用？

答：法不溯及既往、从旧兼从轻是基本法理。此原则可以理解为禁止不利于被处罚人的溯及既往，但允许有利于被处罚人的溯及既往。当行政相对人的违法行为发生在旧的法律规范实施阶段，行政主体作出处罚决定在新的法律规范实施阶段时，应首先考虑适用行政相对人违法行为发生时旧的法律规范。但是如果新的法律规范更有利于维护行政相对人的利益，比如处罚较轻或者不认为违法，应当适用新的法律规范。[12] 在实践中，违法行为发生的时间与作出处罚决定的时间大多数情况下并不一致，有时候两者可能间隔较长。因此，行政机关实施行政处罚时应根据案件的具体情况，在新旧法中选择适用“有利于行政相对人”的法律。可以看出，“从旧兼从轻”中，“从旧”是原则，“从轻”是例外，“从旧兼从轻”强调对人权的保障，它通过对国家公权力的限制和有利于行为人的法律适用得以实现。[13] 具体适用中应注意以下几个问题。

一是关于“违法行为发生时”的界定。违法行为可以分为即时行为和非即时行为。即时行为没有时间上的延续，因此违法行为发生在旧法实施期间就适用旧法，发生在新法实施期间就适用新法。非即时行为又分为继续行为和连续行为，对于连续行为，因为每个连续行为都是一个独立的违法行为，因此发生在旧法实施阶段的连续行为应适用旧法的规定，而发生在新法实施阶段的连续行为应适用新法的规定。[14] 对于违法行为有继续或者继续状态，违法行为发生之日法律、法规、规章未修改或者废止，违法行为终了之日法律、法规、规章作出了修改或者废止，此时应当适用新的法律、法规、规章规定。[15]《关于“未验先投”违法行为行政处罚新旧法律规范衔接适用问题的意见》（环法规函〔2019〕121 号）指出，“未验先投”违法行为发生在 1998 年发布的《建设项目环境保护条例》施行期间，一直继续到新条例施行之后的，不属于 2004 年最高人民法院印发的《关于审理行政案件适用法律规范问题的座谈会纪要》规定的“行政相对人的行为发生在新法施行以前”的情形，不存在新旧条例的选择适用问题，应当适用新条例作出行政处罚。

二是实体从旧、程序从新，是公认的行政法理论。最高人民法院于 2004 年在《关于审理行政案件适用法律规范问题的座谈会纪要》中明确，人民法院审查具体行政行为的合法性时，实体问题适用旧法规定，程序问题适用新法规定。因此《行政处罚法》第三十七条和《处罚办法》第七条第二款的规定是针对行政处罚实体规则而言的。

关联法条

《行政处罚法》第三十七条;《处罚办法》第七条第二款。

6 行政处罚的种类都有哪些?

答:《处罚办法》规定的生态环境行政处罚有 17 种,按照行政处罚客体性质的不同可以分为申诫罚、财产罚、资格罚、行为罚和人身自由罚。

一是申诫罚,是指行政机关向违法者发出警戒,申明其有违法行为,通过对其名誉、信誉等施加影响,引起其精神上的警惕,使其不再违法的处罚形式。申诫罚包括警告和通报批评。

警告是指行政机关对有违法行为的公民、法人或者其他组织提出告诫,使其认识自己违法所在和如何改正的一种处罚种类。警告是行政处罚中最轻的一种。

通报批评是指行政机关对违法行为人在一定范围内通

过书面批评加以谴责和告诫，指出其违法行为，避免其再犯。

二是财产罚，是指行政机关剥夺违法者因违法行为所获经济利益及其部分财产，通过经济制裁手段实现惩戒目的的行政处罚。财产罚包括罚款、没收违法所得、没收非法财物等。

罚款是指行政机关依法要求违法者在一定时间内缴纳一定数量货币的处罚。

没收违法所得是指行政机关将违法行为人因从事违法行为而获得的收入强制收缴并无偿收归国有的一种行政处罚。

没收非法财物是指行政机关将违法行为人非法占有的违禁品或其他财物予以无偿收缴归国家所有的处罚方式。

三是资格罚，是指限制或者剥夺当事人行政许可资格以及行政机关认定同意的其他非行政许可类资格的行政处罚。资格罚包括暂扣许可证件、降低资质等级、吊销许可证件等。

暂扣许可证件是指行政机关对违法者依法实施暂时扣留其许可证件，暂时中止其从事某项生产或经营活动权利的行政处罚。

降低资质等级是指行政机关依法对违反行政管理秩序的当事人所取得的行政许可由较高等级降为较低等级，限制当事人生产经营活动范围的行政处罚。

吊销许可证件是指行政机关依法对违反行政管理秩序当事人取消其所取得的行政许可证件。

一定时间内不得申请行政许可是指在行政许可撤销或者吊销后的一段时间内，不得申请同类行政许可，禁止从事相关生产经营和职业活动。行政机关决定违法者一定时间内不得申请行政许可的措施客观上构成对行为人从事一定行为的限制，是一种新的不利处分，应当属于行政处罚，作出的行政处罚决定应纳入资格罚类型。

四是行为罚，是指要求当事人不得做出某种行为，或者要求当事人做出某种行为的行政处罚。行为罚包括限制开展生产经营活动，责令停产整治，责令停产停业，责令关闭，限制从业、禁止从业，人身自由罚等。

限制开展生产经营活动是指行政机关依法对违反行政管理秩序当事人限制其从事新的生产经营活动或者扩大生产经营活动范围的行政处罚。

责令停产整治由停止生产与采取整改措施两部分组成。其中停止生产针对企业的整个生产经营行为而不限于违法行为；采取整改措施则是针对企业的违法行为。

责令停产停业是指行政机关依法对违反行政管理秩序

的当事人限制其在一定时间内停止全部或者部分生产经营活动的行政处罚。

责令关闭是指行政机关依法对违反行政管理秩序的当事人停止全部生产经营活动的行政处罚。

限制从业、禁止从业是指行政机关对违反行政管理秩序的当事人在时间、领域等方面实施经济和社会方面的职业限制。限制从业、禁止从业既包括从时间方面进行限制，又包括从领域层面予以限制。如在一定时限内禁止从事特定业务或终身禁止从事特定业务。

五是人身自由罚，是指行政机关在一定期限内限制当事人的人身自由的行政处罚，主要是行政拘留。我国一直以来对限制人身自由的行政处罚较为慎重，限制人身自由的行政处罚权只能由公安机关和法律规定的其他机关行使。目前，限制人身自由的行政处罚只能由法律规定，行政法规、地方性法规和规章均无权设定，适用领域主要是治安管理、生态环境保护以及药品管理等领域，有权实施行政拘留的只有公安机关、国家安全机关和海警机构。

关联法条

《行政处罚法》第九条；《处罚办法》第八条。

7 责令限期拆除是否属于行政处罚？

答：《行政处罚法》未将责令限期拆除规定为行政处罚的种类。责令限期拆除是否属于行政处罚，可以结合行政处罚定义从三个方面进行理解：一是外部性，该措施是行政机关基于行政管理职责对违反行政管理秩序的当事人做出的行政行为。二是新的不利负担，该措施减损当事人权益或者增加义务。三是惩戒性，该措施的目的是惩戒违法当事人。[16] 例如，《水污染防治法》第八十四条第一款规定："在饮用水水源保护区内设置排污口的，由县级以上地方人民政府责令限期拆除，处十万元以上五十万元以下的罚款；逾期不拆除的，强制拆除，所需费用由违法者承担，处五十万元以上一百万元以下的罚款，并可以责令停产整治。"此外，有的法律条款还规定了责令拆除，如《水污染防治法》第九十一条第一款规定："有下列行为之一的，由县级以上地方人民政府环境保护主管部门责令停止违法行为，处十万元以上五十万元以下的罚款；并报经有批准权的人民政府批准责令拆除或者关闭：（一）在饮用水水源一级保护区内新建、改建、扩建与供水设施和保护水源无关的建设项目的；（二）在饮用水水源二级保护区内新建、改建、扩建排放污染物的建设项目的；（三）在饮用水水源准保护区内新建、扩建对水体污染严重的建设项目，或者改建建设项目增加排污量的。”

最高人民法院印发的《关于行政案件案由的暂行规定》（法发〔2020〕44 号）中“行政处罚”二级案由下面的第 15 项三级案即为责令限期拆除。由此可见，最高人民法院在司法实践中将责令限期拆除归于行政处罚，故《处罚办法》第八条第五项将责令限期拆除列为生态环境行政处罚的种类。

生态环境主管部门应遵循行政处罚程序，依据相关法律、法规中法律责任章节的条款作出的责令限期拆除或者责令拆除决定。

关联法条

《行政处罚法》第九条；《处罚办法》第八条第五项。

8 责令改正违法行为决定可否与行政处罚决定一并下达？[17]

答：生态环境主管部门责令当事人改正或者限期改正违法行为，是要求当事人以作为或者不作为的方式停止违法状态、履行既有的法定义务并消除不良后果的一种行政行为，不具有惩戒性，不属于行政处罚，因此不适用行政处罚程序的规定。从现行法律法规规定看，责令改正与行政处罚主要有以下四种不同的关系。

第一，前置型。生态环境主管部门发现当事人违法的，应当及时责令改正；对于逾期不改正的，给予行政处罚。例如《放射性污染防治法》第五十五条规定："违反本法规定，有下列行为之一的，由县级以上人民政府环境保护行政主管部门或者其他有关部门依据职权责令限期改正；逾期不改正的，责令停产停业，并处二万元以上十万元以下罚款；构成犯罪的，依法追究刑事责任。"

第二，并列型。生态环境主管部门发现当事人违法的，应当及时责令改正，同时给予行政处罚。例如《水污染防治法》第八十一条规定："以拖延、围堵、滞留执法人员等方式拒绝、阻挠环境保护主管部门或者其他依照本法规定行使监督管理权的部门的监督检查，或者在接受监督检查时弄虚作假的，由县级以上人民政府环境保护主管部门或者其他依照本法规定行使监督管理权的部门责令改正，处二万元以上二十万元以下的罚款。”

第三，递进型，即“并列＋前置”关系。生态环境主管部门发现当事人违法的，应当及时责令改正，给予行政处罚；对于逾期不改正的，加重处罚。例如，《建设项目环境保护管理条例》第二十三条第一款规定：“违反本条例规定，需要配套建设的环境保护设施未建成、未经验收或者验收不合格，建设项目即投入生产或者使用，或者在环境保护设施验收中弄虚作假的，由县级以上环境保护行政主管部门责令限期改正，处 20 万元以上 100 万元以下的罚款；逾期不改正的，处 100 万元以上 200 万元以下的罚款。”

第四，通用型。实体法中如果没有明文规定生态环境主管部门是否应当责令改正的，为履行监管职责需要，生态环境主管部门也应当依法作出责令改正的决定。

责令当事人改正或限期改正违法行为的决定可以单独下达，也可以与行政处罚决定一并下达。对于前置型、递进型以及适用按日连续处罚情形的，责令改正违法行为决定需单独下达，并根据违法行为的性质和具体情况，在《责令改正违法行为决定书》中载明责令改正的依据、具体内容和期限，并告知当事人拒不改正或者逾期不改正应承担的法律责任。具体可参考《生态环境行政执法文书制作指南》（环办执法〔2024〕9号）中常用文书14。对于并列型和通用型关系，责令改正违法行为决定与行政处罚决定可以合并下达，但要注意避免混淆两类决定，不能在行政处罚决定书中错误表述为：“我局依法决定对你单位作出如下行政处罚：一、责令你单位（立即或限期）改正违法行为；二、罚款人民币拾万元整。”为了避免类似情况发生，生态环境主管部门可在行政处罚的履行方式和期限后面单设一段，“同时，按照《行政处罚法》第二十八条第一款的规定，责令你单位自收到本决定书之日起改正上述违法行为。”

关联法条

《行政处罚法》第二十八条第一款；《处罚办法》第九条。

9 在行政执法过程中，执法人员是否都不得少于两人？

答：在行政执法过程中，执法人员不得少于两人。执法人员不得少于两人，一是为了互相监督、互相证明，防止执法人员出现徇私舞弊情况，有利于保持行政执法的客观公正；二是为了互相配合、互相照应，提高执法质量和效率；三是有利于有效应对突发事件。

“执法人员不得少于两人”是行政处罚执法程序中的基本要求，属于行政处罚程序中的“一般规定”。所谓“一般规定”，系指这一规定对于行政处罚中的行政执法行为具有普遍的适用性。因此，行政处罚实施的全过程都应遵循这一要求，不论是按照简易程序实施当场处罚，还是按照普通程序通过调查后实施行政处罚，所有的证据收集、询问当事人、告知陈述申辩和听证权、听取当事人陈述申辩等涉及违法事实认定和当事人行使陈述申辩权的行政处罚程序，原则上必须有两名以上具有行政执法资格的执法人员参与。[18] 如果执法人员仅为一人，则构成程序违法，执法人员所取得的证据不能作为定案依据，据此证据实施的行政处罚，生态环境主管部门将承担不利的法律后果。[19] 需要注意的是，在执法实践中，为了解决编制不足的问题，生态环境主管部门可聘用履行行政执法辅助职责的人员，该类人员被称为执法辅助人员。执法辅助人员不具有行政执法资格，但可以在生态环境主管部门及其行政执法人员的指挥和监督下，开展事务性、保障性等辅助工作，执法辅助人员不计入执法人员数量。

此外，"一般规定"保留了一个在特殊情况下不适用的"例外"，即"法律另有规定的除外"，也就是关于执法人员数量的例外只允许法律规定。目前，在生态环境领域，尚未有法律关于实施行政处罚的执法人员"可以少于两人"的规定。

关联法条

《行政处罚法》第四十二条第一款。

10 如何把握和运用“过罚相当”原则？[20]

答：“过罚相当”原则简言之，即行政主体对违法行为人适用行政处罚，处罚种类和处罚幅度要与违法行为人的违法过错程度相适应，既不能“轻过重罚”，也不能“重过轻罚”，避免出现畸轻畸重的不合理、不公正情况。“过罚相当”原则是《刑法》理论在行政处罚中的应用，其精神实质与《刑法》中的“罪刑相当”原则是一致的，也是行政法中的“比例原则”“行政合理性原则”在《行政处罚法》上的具体体现。

生态环境主管部门在行使行政处罚自由裁量权时必须遵循立法目的，综合考虑违法行为所造成的环境污染程度、生态破坏程度、当事人的主观过错程度及社会影响等因素，再决定是否给予行政处罚以及给予行政处罚的种类和幅度。所作行政处罚的种类和幅度必须与违法行为的事实、性质、情节、社会危害程度等相当，既要避免“轻过重罚”，也要避免“重过轻罚”；同类违法行为的情节相同或者相似、社会危害程度相当的，所作行政处罚的种类和幅度应当相当，做到“同案同罚”。总之，要正确行使自由裁量权，确保“过罚相当”。

生态环境主管部门在综合执法时应始终保持谨慎态度，

遵守既定规则，在坚持依法行政的同时兼顾情、法、理的有机统一，洞察立法本意，提升执法效能，实现法律效果、社会效果、政治效果的有机统一。

关联法条

《行政处罚法》第五条第二款。

11 什么是“从轻”和“减轻”行政处罚？

答：“过罚相当”原则是行政处罚的一项重要原则，从轻、减轻行政处罚的规定是“过罚相当”原则的具体化。从轻处罚，是指行政机关在法定的处罚种类和处罚幅度内，对行政违法行为人在几种可能的处罚种类内选择较轻的种类，或者在一种处罚种类的幅度内选择较低的数额进行处罚。减轻处罚，是指行政机关在法定的处罚种类和处罚幅度最低限以下，对行政违法行为人实施行政处罚，包括选择比法定处罚种类轻的处罚，以及在法定的处罚幅度最低限以下实施行政处罚。[21] 例如，法律规定的处罚幅度是罚款 5 万～ 50 万元，如果给予当事人 4 万元罚款，属于“减轻处罚”。“从轻处罚”与“减轻处罚”的区别在于是否过法定处罚幅度的“低线”。

由于减轻处罚突破了相关处罚的法定种类和幅度，执法人员为了保护自己不因作出减轻行政处罚决定而被追责，往往不采取此种处罚。为了打消行政执法人员的顾虑，一些地方基于违法行为的事实、性质、情节、程度以及危害后果等因素，制定出台减轻行政处罚事项清单，明确具体适用情形。

生态环境主管部门在办理具体行政处罚案件适用从轻、减轻规定时应当遵循“过罚相当”原则，综合考虑违法情节、危害程度、行为人的主观过错、整改情况等案件事实，针对相应情形作出从轻、减轻行政处罚的决定，同时应当在《行政处罚决定书》中载明法律依据以及相应案件所考虑的从轻、减轻因素。

关联法条

《行政处罚法》第三十二条。

第二章

管辖和实施主体问题

SHENGTAI HUANJING
XINGZHENG CHUFA 50 WEN

12 如何理解“授权处罚”？在“法律、法规授权”中“规章”也可授权吗？

答：根据《宪法》和行政法的传统理论，国家的行政权只能由行政机关行使，行政处罚权作为行政权的重要部分会给当事人带来权益的减损或义务的增加，从维护当事人合法权益的角度应当慎重实施，原则上只有行政机关才能实施行政处罚。但是，随着社会的迅速发展和社会关系的复杂化，行政管理的范围日益扩大，行政机关难以满足其需要，特别是在某些专业性较强的领域，依法授权一些组织来行使行政处罚权可能更为高效。因此《行政处罚法》规定，法律、法规授权的具有管理公共事务职能的组织，可以在法定授权范围内实施行政处罚。[22] 可见，法律、法规授权的具有管理公共事务职能的组织实施行政处罚是例外规定。根据《行政处罚法》的规定，授权实施行政处罚的法律规范只能是法律、行政法规和地方性法规，规章和其他规范性文件不能授权组织来实施行政处罚。将授权依据限定在较高位阶的法律规范层面，这体现了行政处罚活动中授权的严肃性。

因此，实施生态环境行政处罚的主体有两类：第一，生态环境行政处罚由生态环境主管部门在其法定职权范围内实施；第二，在法律、法规授权的情况下，生态环境行政处罚由生态环境保护综合行政执法机构等组织实施。被授权组织必须在法律、法规授权的范围内实施生态环境行政处罚，不得超越法律、法规规定的行政处罚的行为、种类和幅度，否则构成越权实施行政处罚。同时，被授权组织以自己的名义独立实施生态环境行政处罚，独立承担相应的法律责任，以自己的名义参加行政复议和行政诉讼。

关联法条

《行政处罚法》第十九条；《处罚办法》第十一条第二款。

13 授权处罚与委托处罚有哪些区别?

答：委托处罚是指有行政处罚权的行政机关，依照法律、法规或者规章的规定，将自己的行政处罚事项委托给符合法定条件的行政机关、其他组织行使，受委托组织以委托机关的名义对外实施行政处罚权，但由委托行政机关承担该行政执法所产生法律后果的执法方式。[23] 行政机关委托有关组织实施行政处罚是行政机关和法律、法规授权有关组织行政处罚的补充。

行政处罚权的授权和委托从形式上看都是行政处罚权的转移，被授权组织和受委托组织都具有管理公共事务职能，两者都是职权法定原则的例外，但是两者有本质的区别。主要表现为：

一是处罚权来源和依据不同。授权实施行政处罚的，被授权组织的处罚权直接来源于法律、法规的直接授予；委托实施行政处罚的，虽然也要有法律、法规、规章的规定，但受委托组织的处罚权直接来源于行政机关的委托。规章并不能对有关组织授权，但是可以作为委托处罚的法律依据。

二是被授权组织和受委托组织的法律地位不同。授权实施行政处罚和委托实施行政处罚的最大不同在于具体实施行政处罚的有关组织能否以自己的名义实施行政处罚。授权实施行政处罚的，被授权组织取得行政处罚主体资格，能够以自己的名义实施行政处罚并承担法律责任；委托实施行政处罚的，受委托组织不具有行政处罚主体资格，只能以委托机关的名义行使行政处罚权，委托机关对受委托组织实施行政处罚的行为应当负责监督，并对该行为的后果承担法律责任。

关联法条

《行政处罚法》第十九条、第二十条；《处罚办法》第十一条第二款、第十二条。

14 什么是违法行为发生地？

答：管辖是行政处罚过程中非常重要的一环，指依法享有行政处罚权的行政机关和法律、法规授权的组织对行政违法案件进行最初查处的分工和权限。行政处罚管辖旨在解决由哪一类、哪一级和哪一地的行政机关具体行使行政处罚权的问题，相应地分为职能管辖、层级管辖和地域管辖。[24]《行政处罚法》确立了地域管辖的基本原则，即由违法行为发生地的行政机关管辖。行政处罚管辖应遵循便利当事人原则、有利于维护公共利益和社会秩序原则、灵活运用原则。[25]将违法行为发生地作为确定行政处罚地域管辖的一般标准，便于行政机关及时对违法事实进行调查取证，有利于提高行政效率，降低执法成本，从而保障行政机关有效实施行政管理。

对“违法行为发生地”的含义不应作过于狭窄的理解，而应从行为人实施违法行为的整个过程来把握。违法行为发生地既包括违法行为实施地，如违法行为的准备地、途经地、结束地等与违法行为有关的地点，也包括违法结果发生地，如违法对象被侵害地、违法所得的实际取得地、藏匿地、转移地、使用地、销售地等。违法行为有连续、持续或者继续状态的，违法行为连续、持续或者继续实施的地方都属违法行为发生地。

“违法行为发生地”的地域管辖原则囊括了行为人实施违法行为的全过程。无论违法行为人在其实施违法行为的哪个阶段被发现，该地均可作为违法行为发生地，当地生态环境主管部门均可依法就地给予行政处罚。这样的制度设立有利于生态环境主管部门及时有效打击违法行为。

关联法条

《行政处罚法》第二十二条。

15 “责令关闭”具体由谁实施?

答： 在现行生态环境法律法规中，共有三种责令关闭行政处罚的设定方式，分别为报经有批准权的人民政府批准，责令关闭；报请人民政府责令关闭；由人民政府责令关闭。实践中争议最大的是第一种行政处罚设定方式，即报经有批准权的人民政府批准，责令关闭。对于这种设定方式的理解有两种：第一种理解是，责令关闭的处罚决定由生态环境等主管部门作出，生态环境等主管部门在作出处罚决定前报经有批准权的人民政府批准。第二种理解是，责令关闭的处罚决定由有批准权的人民政府直接作出。全国人大常委会法制工作委员会行政法室曾就《大气污染防治法》第九十九条的适用问题征求原环境保护部的意见，原环境保护部办公厅于 2016 年 2 月 14 日以《关于〈大气污染防治法〉第九十九条有关适用问题意见的复函》（环办政法函〔2016〕2336 号），分析了两种理解的利弊，认为由有批准权的人民政府作出停业、关闭决定，其优点在于人民政府可以要求相关职能部门在各自职责范围内对企业采取停业、关闭的各项有效措施，保证停业、关闭的决定能够得到切实有效落实。其弊端在于由人民政府直接作出处罚决定将面临一些具体实施上的困难，如告知、听证及执行等。因此，原环境保护部在复函中的倾向性意见是建议将责令关闭的实施主体理解为有批准权的人民政府。

对于“有批准权的人民政府”的理解，复函中解释为作出限制生产、停产整治决定的环保部门所处的同级人民政府；涉及国有企业、外资企业等需要经人民政府或其授权的部门批准设立的企业，责令停业、关闭的决定，应由对上述企业的设立、解散等有决定权的人民政府，或者有决定权的人民政府部门所属的同级人民政府作出。同时有批准权的人民政府不应与审批建设项目环境影响评价的环保部门、建设项目投资审批、核准部门以及企业工商注册登记部门挂钩。

关联法条

《行政处罚法》第九条第四项；《处罚办法》第八条第四项。

第三章

处罚程序相关问题

SHENGTAI HUANJING
XINGZHENG CHUFA 50 WEN

（一）立案

16 如何理解立案审查的起始时间、立案条件？

答：《处罚办法》第十八条规定立案审查的时限是十五日，特殊情况下，经过本机关负责人批准还可以延长十五日。显然，立案审查时限的延长有助于生态环境主管部门在立案前作出充分考量，最大限度地避免后续发现不符合立案条件而撤销案件的情况。

立案审查的起始时间应该从执法人员初次取得当事人涉嫌违反生态环境保护法律、法规和规章的证据材料开始计算。例如，根据信访举报线索，执法人员发现现场有偷排污染物的痕迹后，应从取得现场排污痕迹的视频资料开始审查是否符合立案条件。在基层执法实践中，现场有排污痕迹或者有污染结果发生的，但一时无法确定涉案当事人的，执法人员可以经初步调查后明确涉嫌违法主体后再起算立案审查起始时间。审查立案条件主要包括生态环境主管部门是否具有管辖权、是否有初步证据材料证明当事人有涉嫌违反生态环境保护法律、法规和规章的违法行为、是否违反了相关禁止性规定且有对应的处罚罚则、是否超过追责时限。经审查后，发现符合《处罚办法》第十九条规定四项立案条件的，迅速办理立案审批流程。

关联法条

《处罚办法》第十八条、第十九条。

（二）调查取证

17 调查取证时是否需要通知当事人到场？

答：2023 年新修订的《处罚办法》相对于旧版《处罚办法》而言，删除了第四十三条“【当事人与现场调查取证】环境保护主管部门调查取证时，当事人应当到场”的规定。主要考虑基层一线执法过程中，执法人员经常会遇到当事人拒绝、阻碍执法，不配合调查取证情况。

在执法实践中，为方便调查取证，能做到通知当事人到场的，尽量通知当事人到场。如果有下列情形，不影响调查取证的进行：（一）当事人拒不到场的；（二）无法找到当事人的；（三）当事人拒绝签名、盖章或者以其他方式确认的；（四）暗查或者其他方式调查的；（五）当事人未到场的其他情形。

执法人员现场制作的《现场检查（勘察）笔录》，若当事人拒不到场或者拒绝签字的，可以采取见证人见证的方式，由见证人在《现场检查（勘验）笔录》中签字，并予以备注说明。同时可以通过执法记录仪等视频采集设备客观记录执法现场的情况，固定相关违法事实。如果根据案情需要，必须对当事人进行调查询问，才能厘清违法事实的，执法人员可以对当事人下达《协助调查询问通知书》，要求当事人接受询问。同时，告知当事人拒不配合调查可能承担的相应法律责任，通过不利的法律后果促动当事人积极转变态度、配合调查。

关联法条

《行政处罚法》第五十五条；《处罚办法》第二十三条、第二十四条、第二十八条。

18 即时采样能否作为判定超标的证据？

答： 新修订的《处罚办法》删除了现场即时采样可以作为判定超标依据的规定。现行司法实践中，各地对现场即时采样是否可以作为判定超标依据的判例也不尽相同。

即时采样能否作为判定超标的依据成为执法部门困惑的重点、难点问题。

在执法实践中，建议对于认定超标排污的违法行为，国家排放标准和技术规范对监测频次有要求的，严格按照国家排放标准和技术规范要求的频次进行采样。目前，部分新制定实施以及后期予以修订的国家排放标准，如《电镀污染物排放标准》（GB 21900—2008）、《陶瓷工业污染物排放标准》（GB 25464—2010）、《钢铁工业水污染排放标准》（GB 13456—2012）等均明确规定“各级环保部门在对企业进行监督性检查时，可以采用现场即时采样或监测的结果，作为判定排污行为是否符合排放标准以及实施相关环境保护管理措施的依据”，这种情况下，现场即时采样可以作为判定超标的依据。

实践中，对于应当按照日均值或者最大值判定超标的案件，由于个案的特殊性、执法现场环境的复杂性，执法人员现场只能进行即时性采样。这种情况下，执法人员需转变办案思路，将监测报告作为辅助证据，证明当事人有污染物排放的事实，然后进一步核查当事人是否存在不正常运行污染防治设施、未按照排污许可证规定的排放方式和去向排放污染物等环境违法行为，及时帮助企业纠正违法排污行为。

关联法条

《处罚办法》第二十九条第一款、第二款。

19 将监测（检测）报告或者鉴定结果告知当事人，有什么样的要求及方式？

答：《处罚办法》第二十九条第三款规定："生态环境主管部门取得监测（检测）报告或者鉴定意见后，应当将监测（检测）、鉴定结果告知当事人。"

但生态环境主管部门取得监测（检测）报告或者鉴定意见以后，在"什么时间"将结果告知当事人？以"什么样方式"将结果告知当事人？当事人对监测（检测）报告或者鉴定意见提出异议后，如何保障当事人的救济权利？这是执法实践中亟须解决的问题。

监测（检测）报告或者鉴定意见属于客观证据材料，必须经查证属实，方可作为认定案件事实的证据。将监测（检测）报告或者鉴定意见结果告知当事人的程序也是证据查证属实的一个过程，生态环境主管部门执法机构应当在取得监测（检测）报告或者鉴定意见之后调查终结之前告知当事人。需要注意的是，依据《环境保护主管部门实施按日连续处罚办法》第八条第二款“需要通过环境监测认定违法排放污染物的，环境监测机构应当按照监测技术规范要求进行监测。环境保护主管部门应当在取得环境监测报告后三个工作日内向排污者送达责令改正违法行为决定书，责令立即停止违法排放污染物行为”的规定，各生态环境主管部门执法机构须在取得环境监测报告后三个工作日内送达《责令改正违法行为决定书》。由于《责令改正违法行为决定书》属于行政决定，下达行政决定需要有相关证据证明当事人的违法事实且证据已查证属实。在这种情况下，送达环境监测报告的时间应早于送达《责令改正违法行为决定书》的时间。同时在调查终结以后开展的生态损害赔偿鉴定，其鉴定意见可以在取得鉴定意见后及时送达当事人。

在基层执法实践中，各生态环境主管部门执法机构可以参考《生态环境行政执法文书制作指南》（环办执法〔2024〕9号）中《监测/检测/鉴定结果告知书》文书格式，将监测/检测/鉴定报告送达当事人，也可以在调查询问笔录中记载告知过程，或者通过送达回证的方式证明已送达当事人。

为解决后续当事人对监测/检测/鉴定报告或者鉴定意见提出异议的救济途径，各级生态环境主管部门可以通过制定内部的技术复核流程和规范要求，确保监测/检测/鉴定报告或者鉴定意见的准确性、有效性。例如，上海市制定了《环境监测报告技术复核流程》，明确具体复核的流程、内容以及要求等，方便基层执法实践。

关联法条

《处罚办法》第二十九条第三款。

20 自动监测数据在生态环境执法中具体如何适用[26]？

答：依据《环境保护法》《大气污染防治法》《水污染防治法》《排污许可管理条例》等法律、法规，排污单位应当依法落实企业主体责任，对监测数据的真实性和准确性负责；发现自动监测设备传输数据异常的，应当及时报告生态环境主管部门，并进行检查、修复。

2022年，生态环境部发布《污染物排放自动监测设备标记规则》（以下简称《标记规则》），进一步明确排污单位是审核确认自动监测数据有效性的责任主体，应当按照《标记规则》确认自动监测数据的有效性。

《标记规则》的适用，改变了由生态环境主管部门举证数据有效性的被动局面，转而由排污单位自行审核数据。按照《标记规则》，被标记为无效的自动监测数据不作为判定污染物排放是否超过相关标准的依据。排污单位违反《标记规则》虚假标记的，将依法依规被严肃查处；逾期未标记的，则视为排污单位对自动监测数据的有效性无异议。

需要强调的是，如果排污单位对某特定时段超标的自动监测数据未及时标记，但后续通过提交书面材料等其他形式报告了相关情况，生态环境主管部门也应对报告的情况予以调查并综合判定。

对于实行《标记规则》行业以外的排污单位，由于前期未对传输的自动监测数据的有效性进行确认，自动监测数据作为证据的证明力相对较弱，生态环境主管部门需要根据现场检查情况进行综合判定。如果调取的自动监测设备运行记录、生产工况、污染治理设施工况以及比对监测数据等其他证据能与自动监测数据形成证据链，则可以作为生态环境行政处罚的依据。

关联法条

《处罚办法》第三十条。

关联规定

《污染物排放自动监测设备标记规则》。

21 自动监测设备属于电子技术监控设备吗？

答：《行政处罚法》规定的电子技术监控设备记录，与生态环境领域的污染源自动监测设备及其监测数据，并不完全一致。

《行政处罚法》规定的电子技术监控设备仅指行政机关依照法律、行政法规规定设置的监控设备，最典型的就是公安机关交通管理部门设置的机动车违法抓拍等监测仪器。但按照《大气污染防治法》《水污染防治法》等法律，生态环境领域的污染源自动监测设备原则上是由企业自行安装运行的。对企业安装运行的自动监测设备，即使该自动监测设备依法应当与生态环境主管部门的监控设备联网，也不等于是行政机关安装的电子技术监控设备。此外，《行政处罚法》规定电子技术监控设备需要经过技术和法制审核，这在生态环境监测领域暂无对应的要求，还需要进一步明确。

关联法条

《行政处罚法》第四十一条；《处罚办法》第三十一条。

22 如何对证据采取先行登记保存措施？

答：证据的“先行登记保存”，是指行政执法机关在对违反行政管理秩序的当事人进行查处过程中，在证据可能灭失或者以后难以取得的情况下，对需要保全的证据当场登记造册，暂时先予封存固定，责令当事人妥为保管，不得动用、转移、损毁或者隐匿，等待行政机关进一步调查和处理的证据保全措施。它是《行政处罚法》授予行政处罚机关在对违反行政管理秩序的当事人进行查处过程中的一项调查取证措施。《行政处罚法》第五十六条规定：“行政机关在收集证据时，可以采取抽样取证的方法；在证据可能灭失或者以后难以取得的情况下，经行政机关负责人批准，可以先行登记保存，并应当在七日内及时作出处理决定，在此期间，当事人或者有关人员不得销毁或者转移证据。”任何行政执法机关在行政执法中均可直接依据《行政处罚法》第五十六条的规定实施证据保全。

执法实践中，先行登记保存应当遵守《行政处罚法》第五十六条和《处罚办法》第三十二条的规定，经生态环境主管部门负责人批准（情况紧急的，执法人员需要当场采取先行登记保存措施的，可以采用即时通信方式报请生态环境主管部门负责人同意，并在实施后二十四小时内补办批准手续），由两名以上执法人员出示执法证件，通知当事人到场，当场告知当事人采取先行登记保存的理由、依据，听取当事人的陈述和申辩，做好现场笔录。现场笔录由当事人和行政执法人员签名或者盖章，当事人拒绝的，在笔录中予以注明；当事人不到场的，邀请见证人到场，由见证人和行政执法人员在现场笔录上签名或者盖章。

先行登记保存的后续处理及解除程序依照《处罚办法》第三十三条的规定执行。

关联法条

《行政处罚法》第五十六条；《处罚办法》第三十二条、第三十三条。

（三）案件审查

23 如何开展生态环境行政处罚案件审查[27]？

答：《处罚办法》第三十八条规定，“调查终结的，案件调查人员应当制作调查报告，提出已查明违法行为的事实和证据、初步处理意见，移送进行案件审查”。案件审查是调查机构内部在调查终结后对调查程序合法性的审查，调查终结后，案件调查机构应当提出初步处理的意见和建议，移送案件审查部门审查。生态环境主管部门在开展案件审查时，应注意以下几个方面的问题。

一是适用范围和环节程序。所有普通程序案件都需经过案件审查。案件审查是在调查取证终结后，案件调查人员制作完成调查报告后，进行案件审查。

二是审查内容和结论。由于案件审查在调查终结之后，因此偏重对案件调查的监督和把关，对调查取证的方式和程序、证据材料的形式和内容、违法事实认定、初步处理意见等进行审查。具体实践中，案件审查人员可参照《生态环境行政执法文书制作指南》（环办执法〔2024〕9号）中常用文书16，全面审查六个方面的内容，并对各项审查内容逐一给出明确结论。根据审查内容和结论，案件审查部门应将案件分类作出处理：对本机关无管辖权的，予以撤销立案，移送有关机关处理；超过行政处罚追责时效的，不予处罚；对违法事实不清楚，证据不合法或不充分、调查取证不符合法定程序的，审查人员退回调查人员，补充调查取证或者重新调查取证；无上述情形的，进入下一步程序。[28]

三是审查主体。案件审查对审查人员资格没有明确要求，实务中，调查终结后的案件审查由审查人员单独进行并提出意见，或由集体案件审查会议进行。为保证案件审查不受先前调查结果的影响，案件调查过程中的执法人员不得作为本案的审查人员，这是基于查审分离原则的考虑。调查人员负责开展调查或者检查，收集有关证据，形成调查报告，提出初步处理意见；审查人员负责对调查人员移交的已查明违法行为的事实、证据以及初步处理意见进行审查，区别不同情况提出处理建议。[29]

关联法条

《处罚办法》第三十八条、第三十九条、第四十条。

（四）告知、陈述申辩和听证

24 当事人放弃陈述、申辩权的，行政机关可以提前作出处罚决定吗[30]？

答：在行政机关作出行政处罚决定之前，当事人享有陈述、申辩和听证的权利，这是《行政处罚法》明文授予当事人的程序权利。陈述和申辩权是无条件的，即无论在什么样的行政处罚案件中当事人都一概享有，行政机关必须无条件地给当事人提供机会进行陈述、申辩。陈述、申辩是当事人的程序权利，而不是程序义务，因而可以放弃。

《行政处罚法》只规定了当事人申请听证的时间期限，却未明确当事人提出陈述、申辩的时间期限。《处罚办法》对当事人提出陈述、申辩的时间期限予以细化规定，明确当事人在收到告知书后五日内进行陈述、申辩。但需注意这里的“五日”并非绝对时间期限，而是方便基层执法实践。

因此，当事人明确放弃陈述、申辩权的，生态环境主管部门可以依据《处罚办法》第四十四条的规定，提前作出处罚决定。若当事人在明确放弃陈述、申辩权之后，且在生态环境主管部门作出处罚决定之前，重新提出陈述、申辩意见的，生态环境主管部门仍需要对当事人的陈述、申辩意见予以复核，最大限度地保障当事人的陈述、申辩权。

关联法条

《行政处罚法》第四十四条、第四十五条；《处罚办法》第四十四条、第四十五条。

25 当事人放弃听证权的，行政机关可以提前作出处罚决定吗？

答：行政机关在作出行政处罚决定之前，应当告知当事人拟作出的行政处罚内容及事实、理由、依据和当事人依法享有的陈述、申辩、要求听证等权利。当事人要求听证的，应当在行政机关告知后五日内提出。但并不是所有行政处罚案件，当事人都具有听证的权利。行政机关只有在拟作出《行政处罚法》第六十三条列举的行政处罚决定的情况下，才告知当事人有要求听证的权利。

听证权是当事人的权利，当事人可以放弃。但是申请听证的期限是对行政机关的限制，在没有法律、法规以及部门规章明确规定的情况下，即使当事人收到听证告知书时，签署了放弃听证权的承诺，建议生态环境主管部门仍需要等听证申请期限届满，再作出行政处罚决定，最大限度地保障当事人的听证权。

关联法条

《行政处罚法》第四十四条、第四十五条、第六十三条、第六十四条；《处罚办法》第四十四条、第四十五条、第四十六条、第四十七条。

26 听证程序中有哪些注意事项？

答：行政处罚听证程序是指在行政机关作出行政处罚决定之前，行政机关指派专人（听证主持人和听证员等）主持听取案件调查人员和当事人、有利害关系的第三人等关于案件事实、拟处罚理由及适用法律、法规依据和拟处罚结果的陈述、质证、申辩的程序。

《行政处罚法》第六十五条规定："听证结束后，行政机关应当根据听证笔录，依照本法第五十七条的规定，作出决定。"因此，生态环境主管部门在行政处罚中应当遵循听证之案卷排他规则。听证应依照以下程序组织：

（1）当事人要求听证的，应当在生态环境主管部门告知后五日内提出；

（2）生态环境主管部门应当在举行听证的七日前，通知当事人及有关人员听证的时间、地点；

（3）听证应当充分展示拟作出处罚的事实、理由、证据、法律依据和裁量依托的证据和依据；

（4）听证应当充分听取行政相对人的陈述、申辩意见和质证意见；

（5）应当在作出行政处罚决定时，对当事人所发表的听证申辩意见进行充分回应；

（6）必须严格依照听证笔录作出处罚决定，未经听证的证据、听证中未展示的法律和理由均不得作为行政处罚的理由和依据（充分排他）；

（7）当事人在听证过程中提出了新的事实、理由、依据，有待进一步调查核实或者鉴定的，听证主持人应当在听证会上及时中止听证会，待中止情形消失后，重新恢复听证。

关联法条

《行政处罚法》第四十四条、第四十五条、第六十三条、第六十四条；《处罚办法》第四十四条、第四十五条、第四十六条、第四十七条。

27 听证会后是否可以开展补充调查，是否还需二次下发处罚告知[31]？

答：举行听证会是为了给予当事人表达意见的机会，听取当事人提出辩解的事实和理由，是案件调查的一个重要环节，并非终止行政执法机关的案件调查权。《行政处罚法》第五十七条规定："调查终结，行政机关负责人应当对调查结果进行审查，根据不同情况，分别作出决定。"经过听证，需要进一步调查的，行政机关应当继续调查，查清事实后，再作决定；案件事实已经查清、证据确凿的，可以由行政机关负责人组织集体讨论并作出行政处罚决定。这意味着，作出行政处罚决定才是调查的终结，举行听证会以及后续的补充调查均属于案件调查程序。反之，如果当事人在听证会上提出了对其有利的新证据，行政执法机关按照全面调查的原则，也应进行调查核实，如果确认属实，要依法给予当事人从轻或相对较轻的处罚。

经过听证，当事人的意见和申辩与行政机关调查的事实、对案件的认定有出入的，需要补充调查。开展补充调查后，拟作出的行政处罚内容或者有关事实、理由、依据发生改变的，行政机关应将拟作出的行政处罚决定的内容再次告知当事人，再次听取当事人对案件处理的意见和申辩。

对此，司法部门也持认同观点。例如，济南市人民政府行政执法监督局《关于印发〈新行政处罚法适用指引〉的通知》规定："充分保障当事人陈述申辩权利……行政机关履行告知程序后，拟作出的行政处罚内容或者有关事实、理由、依据发生改变的，应当重新履行告知程序。"

需要注意的是，被二次处罚告知的当事人仍享有陈述、申辩和听证的权利。当事人进行陈述、申辩或提出听证时，行政执法机关应当依法进行复核或组织听证会。

关联法条

《行政处罚法》第五十七条、第六十五条；《处罚办法》第四十八条、第五十三条。

28 "较大数额""较大价值"的相关规定在执法实践中如何适用？[32]

答：《处罚办法》第八十九条规定："本办法第四十六条所称'较大数额''较大价值'，对公民是指人民币（或者等值物品价值）五千元以上、对法人或者其他组织是指人民币（或者等值物品价值）二十万元以上。地方性法规、地方政府规章对'较大数额''较大价值'另有规定的，从其规定。"

实践中，大部分地方人民政府规章对"较大数额""较大价值"另有规定。例如，《上海市行政处罚听证程序规定》明确规定，较大数额，对个人是指 5 000 元以上（或者等值物品价值）；对法人或者其他组织是指 5 万元以上（或者等值物品价值）。《广东省行政处罚听证程序实施办法》明确规定，较大数额罚款、较大数额违法所得、较大价值非法财物，是指对公民的违法行为处以 5 000 元以上罚款（等价值违法所得或者非法财物），对法人或者其他组织的违法行为处以 10 万元以上罚款（等价值违法所得或者非法财物）。

从法律效力位阶来看，《处罚办法》属于部门规章，地方人民政府制定的关于行政处罚听证程序的规定大部分属于政府规章，部门规章与地方规章具有同等效力，在各自的权限范围内施行。结合相关法院判例来看，《处罚办法》以及各地人民政府关于行政处罚听证程序的规定均是对行政处罚的细化规定，旨在充分地保障行政相对人享有应当享有的权利，确保行政机关作出的行政处罚决定公开、公正、透明。因此，建议基层执法实践中，行政处罚“较大数额”“较大价值”罚款听证标准应以有利于行政相对人为原则进行认定。

另外，《北京市行政处罚听证程序实施办法》第二条规定：“第一款规定的较大数额罚款、较大数额违法所得、较大价值非法财物的标准，以及其他较重的行政处罚种类，由市级行政机关确定，并报市政府法制机构备案。”地方人民政府规章并不明确相应金额，而是由地方行政机关根据本部门行业特点来确定听证金额的高低，这不失为一种解决相关部门规章与地方政府规章从属混乱问题的方法。

关联法条

《行政处罚法》第六十三条；《处罚办法》第四十六条、第八十九条。

29 如何理解“不得因当事人申辩而给予更重的处罚”？

答：当事人对行政处罚享有陈述权、申辩权，这是《行政处罚法》赋予当事人的正当权利。《行政处罚法》第四十五条规定："当事人有权进行陈述和申辩。行政机关必须充分听取当事人的意见，对当事人提出的事实、理由和证据，应当进行复核；当事人提出的事实、理由或者证据成立的，行政机关应当采纳。行政机关不得因当事人陈述、申辩而给予更重的处罚。"该条款直接确立了"陈述申辩不加重处罚"原则。

当事人"陈述申辩不加重处罚"原则是"保障当事人陈述、申辩权"原则的具体体现。对当事人"陈述、申辩不加重处罚"原则的理解必须把握好以下四点：一是当事人提出陈述和申辩意见即使不成立，也不得加重处罚；二是当事人可以放弃陈述和申辩的权利，但生态环境主管部门不得放弃事先告知的义务。在当事人放弃陈述权和申辩权的情况下，生态环境主管部门仍不得加重处罚；三是"正式的处罚决定"不得比"拟处罚决定"对当事人更加不利，包括处罚金额加重、种类增加；四是所谓给予当事人"更重的处罚"，是指基于对当事人同一违法行为事实认定的基础上的处罚结果的比较。如果因新的证据而认定当事人的违法行为发生了变化，生态环境主管部门需要进行"二次告知"（可以是对第一次告知的补充，也可以代替第一次告知），相应的处罚结果当然也可依法变化。这种情况是允许的，并不违反“陈述、申辩不加重处罚”原则。

关联法条

《行政处罚法》第四十五条；《处罚办法》第四十五条。

（五）法制审核和集体讨论

30 如何开展重大行政处罚决定法制审核工作[33]？

答：法制审核是行政处罚的重要程序性制度，是确保行政机关作出的重大行政处罚决定合法、有效的关键环节，有利于保障行政处罚决定的公平公正。生态环境主管部门在开展重大行政处罚决定法制审核中应重点注意以下几个方面问题。

一是如何确定应当进行法制审核的范围。《处罚办法》第四十九条第一款规定了应当进行法制审核的情形，与《行政处罚法》第五十八条内容一致，属于原则性的规定。同时，《处罚办法》授权设区的市级以上生态环境主管部门对法制审核的案件范围作出具体规定。实践中有必要对三种原则性规定作进一步分析。第一，一般认为，国家的核心利益，国家重点建设项目及公共设施建设，有关防疫、抢险、救灾等工作属于重大公共利益的范畴。第二，需同时具备直接关系当事人或者第三人重大权益和经过听证程序两个条件。其中，重大权益的具体标准需因地制宜，就“罚没款金额”而言，可以参考《处罚办法》第五十二条关于生态环境主管部门负责人应当集体讨论的重大违法行为中的罚没款标准，以及第八十九条规定的“较大数额”“较大价值”标准；经过听证程序是指实质性听证，不包括属于听证范围但是没有要求听证的。第三，案件情况疑难复杂主要是指当事人有两个及以上主体、事实难以认定、证据难以取得等情形；涉及多个法律关系是指涉及两个及以上法律关系。需要说明的是，不予处罚决定主要适用于不构成应受处罚的行为，或者构成应受处罚但可以酌定免予处罚的行为。据此，原则上不予处罚决定不属于“重大公共利益”的范畴，不需要法制审核。[34]

二是如何把握法制审核的时间节点。《行政处罚法》和《处罚办法》均规定，未经法制审核或者审核未通过的，不得作出决定。据此，法制审核应当在行政机关负责人作出行政处罚决定之前。从法制审核的内容来看，法制审核的时间节点应当是调查终结后，经听证程序的，还应当在听证程序结束之后。当然，《行政处罚法》和《处罚办法》并没有规定法制审核的次数，实践中部分生态环境主管部门在告知程序前就进行法制审核，此时若案件经过听证程序的，在召开听证会后仍需再次进行法制审核，否则构成程序违法。简言之，不论进行多少次法制审核，应当至少有一次法制审核在听证程序结束后，生态环境主管部门负责人作出处罚决定前进行。

三是如何确定法制审核的主体。《行政处罚法》和《处罚办法》均明确法制审核的主体是负责重大执法决定法制审核的机构或者法制审核人员，但并没有统一要求成立法制审核机构。《关于在生态环境系统推进行政执法公示制度 执法全过程记录制度 重大执法决定法制审核制度的实施意见》（环办执法〔2019〕42号）提出，进行法制审核的机构一般是各级生态环境部门负责法制工作的内设机构，没有条件单独设立法制工作内设机构的，应设立专门的法制审核岗位，按规定配备具有法律专业背景并与法制审核工作任务相适应的法制审核人员。鼓励采用聘用方式，发挥法律顾问、公职律师在法制审核工作中的作用。同时，生态环境主管部门中初次从事行政处罚决定法制审核的人员，应当通过国家统一法律职业资格考试取得法律职业资格。这里的“初次”是指《行政处罚法》自 2018 年 1 月 1 日实施以来，第一次从事行政处罚决定法制审核的人员。法制审核人员与案件有直接利害关系或者有其他关系可能影响公正执法的，应纳入回避人员的范畴。

四是法制审核的内容和形式有哪些。《处罚办法》规定法制审核内容包括七个方面，同时规定法制审核以书面审核为主。对案情复杂、法律争议较大的案件，生态环境主管部门可以组织召开座谈会、专家论证会开展审核工作。生态环境主管部门进行法制审核时，可以请相关领域专家、法律顾问提出书面意见。法制审核应当采用独立的书面审核文书，包含具体的审核内容和明确的审核意见。实践中，法制审核人员可以参考《生态环境行政执法文书制作指南》（环办执法〔2024〕9 号）中常用文书 20。

五是如何作出法制审核意见。《处罚办法》第五十一条就法制审核意见作出具体规定，要求审核结论意见明确、具体，应充分说明理由并提出建议。实践中，存在法制审核意见仅有“签名”但意见栏空白，或者审核意见为“拟同意”表述模糊等现象。针对上述问题，为避免法制审核流于形式，在行政复议或诉讼过程中产生不利影响，可以根据不同情形提出相应的法制审核意见：（1）对行政执法主体适格、程序合法、案件事实清楚、证据确凿，适用依据正确、未超过行政处罚追诉时效、执行裁量权基准适当，法律文书制作规范的案件，提出同意的意见；（2）对定性不准、适用依据错误、裁量基准不当，或者程序有瑕疵的案件，提出改正的意见；（3）对办案人员不具备执法资格、事实认定不清、主要证据不足，或者严重违反法定程序的案件，提出重新调查或者补充调查的意见；（4）对违法事实不成立或者已超过追诉时效的案件，提出销案的意见；（5）对违法事实轻微并及时纠正，没有造成危害后果的案件，提出不予行政处罚的意见；（6）对超出管辖权限或者涉嫌犯罪的案件，提出移送的意见。

关联法条

《行政处罚法》第五十八条；《处罚办法》第四十九条、第五十条、第五十一条。

31 生态环境主管部门进行集体讨论应注意哪些问题？

答：生态环境主管部门负责人集体讨论是对情节复杂或者重大违法行为给予行政处罚时必须履行的法定程序，目的是通过合议的方式查清案件事实，准确适用法律。集体讨论可以有效避免个人因素的影响，充分发挥集体的智慧，增强案件办理的公平公正性，更好地保障行政相对人的合法权益。应当经但未经生态环境主管部门负责人集体讨论而作出的处罚决定，该行政处罚决定程序属于违法。生态环境主管部门在进行集体讨论时，应注意以下问题。

一是把握集体讨论的时间节点。行政处罚决定集体讨论时间应该在作出行政处罚决定之前，但《行政处罚法》和《处罚办法》均未明确集体讨论时间应该在告知之前还是在告知之后。实践中主要有两种做法：第一种，将生态环境主管部门负责人的集体讨论会时间放在告知以及听证之前，但这种做法相当于先研究确定行政处罚的内容，然后再组织听证，将会造成听证程序形同虚设，损害听证的程序价值。第二种，将集体讨论会放在听证会和法制审核之后，作出正式处罚决定之前。此时行政机关已充分掌握当事人的违法事实，陈述、申辩和听证意见，以及法制审核意见，作出的集体讨论决定具备了厚实而完整的基础，能使最终处罚决定体现集体的意志。因此，生态环境主管部门负责人的集体讨论会必须放在调查终结之后和听取当事人意见之后，作出正式决定之前。至于生态环境主管部门负责人针对同一个案件多次组织集体讨论，并不属于程序违法，但在作出处罚决定环节之外的集体讨论并不是法律规定必须进行的集体讨论，即使在听证程序前已开展了集体讨论，在举行听证会后，仍需再次进行集体讨论。

二是确定参加集体讨论的人员范围。目前，大部分生态环境执法机构仍然是受生态环境主管部门的委托以生态环境主管部门名义实施行政处罚。受委托组织的负责人集体讨论一般不能视为法律规定的行政机关负责人集体讨论。但同时，根据最高人民法院 2025 年第五期“行政审判讲堂”（总第十五期）的答疑和解释：“通常情形下，委托行政处罚意味着由受委托组织实施行政处罚的全过程。一般情形下，行政机关将行政处罚的整个过程委托给受委托组织实施，而非其中的部分环节。”据此，受委托组织应当具有实施包括集体讨论程序在内的行政处罚全过程的能力和条件，地方人民法院也有关于集体讨论程序问题的判决或者裁定。建议各地根据当地司法实际，依法确定集体讨论的参加人员范围。县（市、区）生态环境分局作为设区的市级生态环境主管部门的派出机构，不具有独立的行政主体资格，不得以自己的名义作出处罚决定。因而，县（市、区）生态环境分局负责人的集体讨论也不能视为行政机关负责人的集体讨论。若生态环境法典颁布实施后，授权县（市、区）生态环境分局以自己的名义实施行政处罚，则可由分局负责人组织实施集体讨论。另外，集体讨论至少需要 2 名以上的生态环境主管部门负责人参加。只有 1 名生态环境主管部门负责人参加集体讨论的，属于程序违法。

三是做好集体讨论的记录。目前并没有法律、法规明确规定集体讨论的具体形式，实践中可以是党组会、局长办公会、案审会、集体审查会等形式。因此，生态环境主管部门负责人只要对案件进行讨论并且形成书面记录即可视为完成了集体讨论，不必拘泥于某种特定形式。但由于集体讨论是法定程序，必须做好记录，记录由参加人签名，具体可参考《生态环境行政执法文书制作指南》（环办执法〔2024〕9 号）中常用文书 21。建议生态环境保护综合行政执法机构和县级生态环境分局负责人开展的集体讨论记录的名称为“内部案件审议记录”，以区分生态环境主管部门负责人集体讨论的记录。

关联法条

《行政处罚法》第五十七条第二款；《处罚办法》第五十二条。

（六）处罚决定和送达

32 如何实施行政处罚决定书的电子送达[35]？

答：电子送达方式是适应时代发展和提高效率的需要，而《行政处罚法》和《民事诉讼法》确立的新的送达方式，其实质还是“直接送达”，只不过表现形式为数据电文而已。实践中的要点是：（1）应当取得当事人的同意，以主动申请或签署送达地址（方式）确认书的方式进行授权；（2）所发送的应当是加盖公章的不可更改的电子数据；以送达信息到达受送达人特定系统的日期为送达日期；（3）发送电子数据，同一文书原则上只采取一种电子送达方式，如果送达后无法确认该种方式送达效力的，可以继续采取其他当事人认可的电子送达方式；（4）采取即时通信工具送达的，应当通过官方微信、微博等账号发出，并在系统中留痕确认，生成电子送达凭证；如尚未建立统一送达平台或账号，可以按下述发送方式：采用传真、电子邮件方式送达的，送达人员应记录传真发送和接收号码、电子邮件发送和接收邮箱、发送时间、送达执法文书名称，并打印传真发送确认单、电子邮件发送成功网页，存卷备查；采用短信、微信等方式送达的，送达人员应记录收发执法文书的手机号码、发送时间、送达执法文书名称，并将短信、微信等送达内容拍摄照片，存卷备查。以短信方式送达的，首选发送指向执法文书的网址链接（适用于送达机关已建立送达平台的情形）；也可直接将文书内容编辑为短信发送，但应提前电话告知受送达人，通话录音及短信电子存根存卷备查。如果当事人在接收电子送达后提出需要纸质文书，行政机关应当提供纸质文书。

在实践中，为了降低送达风险、提高送达效率，执法人员对当事人调查取证时，即可要求当事人签署送达地址确认书，以便在后期办案过程中，在直接送达纸质文书有障碍的情况下，对当事人采取电子送达方式送达执法文书。

关联法条

《行政处罚法》第六十一条；《处罚办法》第

五十九条；《民事诉讼法》第九十条。

33 如何实施行政处罚决定书的留置送达？

答：留置送达是在行政机关向行政相对人直接送达执法文书存在困难时，可以采取的补充送达方式。将《民事诉讼法》中有关留置送达的制度拓展适用于行政执法领域，对提高送达成功率、保证行政执法效率起到了积极的作用。

根据《行政处罚法》第六十一条“行政处罚决定书应当在宣告后当场交付当事人；当事人不在场的，行政机关应当在七日内依照《中华人民共和国民事诉讼法》的有关规定，将行政处罚决定书送达当事人”及《民事诉讼法》第八十九条“受送达人或者他的同住成年家属拒绝接收诉讼文书的，送达人可以邀请有关基层组织或者所在单位的代表到场，说明情况，在送达回证上记明拒收事由和日期，由送达人、见证人签名或者盖章，把诉讼文书留在受送达人的住所；也可以把诉讼文书留在受送达人的住所，并采用拍照、录像等方式记录送达过程，即视为送达”的规定，留置送达包括两种形式：一是邀请见证人见证送达过程并进行签名；二是以拍照、录像等方式记录送达过程。

见证人如果不签名或者盖章，就要用拍照、录像方式记录。以拍照、录像等方式记录送达过程的，无须送达回证。

适用留置送达的条件主要有以下几种情形：（1）现场直接送达时，受送达当事人无正当理由拒绝签收行政执法文书的；（2）现场直接送达时，受送达当事人否认自己身份的；（3）现场直接送达时，受送达当事人撕毁行政执法文书及送达回证的；（4）现场直接送达时，受送达当事人在执法人员表明身份和来意后拒不开门的；（5）现场直接送达时，其他以言语或者行为表示拒绝接收行政执法文书，导致执法人员无法直接向受送达当事人送达的。

综上所述，只有受送达当事人或者他的同住成年家属拒绝接收法律文书的情况下，执法人员才可以采取留置送达。需要注意的是，执法人员在当事人不在家或不在经营场所的情况下，将行政执法文书张贴到行政相对人的家门上，这种做法违反了留置送达的规定。

关联法条

《行政处罚法》第六十一条；《处罚办法》第五十九条；《民事诉讼法》第八十九条。

34 如何进行生态环境处罚决定书的公示？

答：《国务院办公厅关于全面推行行政执法公示制度 执法全过程记录制度 重大执法决定法制审核制度的指导意见》（国办发〔2018〕118号）（以下简称《指导意见》）中明确规定："行政执法公示是保障行政相对人和社会公众知情权、参与权、表达权、监督权的重要措施。行政执法机关要按照'谁执法谁公示'的原则，明确公示内容的采集、传递、审核、发布职责，规范信息公示内容的标准、格式。"行政执法公示制度主要包括事前公开、事中公示、事后公开，而处罚决定书公示属于行政执法公示制度中的事后公开。

《指导意见》中规定："行政执法机关要在执法决定作出之日起20个工作日内，向社会公布执法机关、执法对象、执法类别、执法结论等信息，接受社会监督。行政许可、行政处罚的执法决定信息要在执法决定作出之日起7个工作日内公开，但法律、行政法规另有规定的除外。"

《处罚办法》第六十一条与《行政处罚法》第四十八条比较而言，扩大了行政处罚决定公示的范围，要求生态环境主管部门作出的所有行政处罚决定以一律公开为原则，不予公开为例外（国家秘密或者法律、行政法规禁止公开的信息，以及公开后可能危及国家安全、公共安全、经济安全、社会稳定的行政处罚决定信息，不予公开），都应当依法在执法决定作出之日起 7 个工作日内公开。

《失信行为纠正后的信用信息修复指南》第十一条规定："以简易程序作出的对法人和非法人组织的行政处罚信息，'信用中国'网站不进行归集和公示。以普通程序作出的对法人和非法人组织的行政处罚信息，'信用中国'网站予以归集和公示。仅被处以警告、通报批评的行政处罚信息，不予公示。其他行政处罚信息最短公示期为三个月，最长公示期为三年，其中涉及符合本指南第十二条规定事项的行政处罚信息最短公示期为一年。最短公示期届满后，方可按规定申请提前终止公示。最长公示期届满后，相关信息自动停止公示。前款规定的行政处罚信息，同一行政处罚决定涉及多种处罚类型的，其公示期限以期限最长的类型为准。行政处罚信息的公示期限起点以行政处罚作出时间为准。"

生态环境主管部门在基层执法实践中，可以按照《处罚办法》第六十二条规定，采取摘要公示的方式公示普通程序行政处罚决定书，确保“行政处罚决定书文号，被处罚公民的名称（姓名），被处罚的法人或者其他组织名称和统一社会信用代码、法定代表人（负责人）姓名，主要违法事实，行政处罚结果和依据、作出行政处罚决定的生态环境主管部门名称和作出决定的日期”等关键性要素公开齐全即可，无须进行全文公开。公开的行政处罚决定被依法变更、撤销、确认违法或者确认无效的，生态环境主管部门应当在三日内撤回行政处罚决定信息并公开说明理由。需要特别注意的是，涉及个人隐私信息、法人或者其他组织的银行账号、可能识别出个人身份的信息、商业秘密等信息应当予以隐去。

执法人员在向当事人送达行政处罚决定书时，应同步送达信用修复告知书，告知当事人在满足最短公示期届满后申请信用修复的途径、方式、程序等。

关联法条

《行政处罚法》第四十八条;《处罚办法》第六十一条、第六十二条。

关联规定

《国务院办公厅关于全面推行行政执法公示制度 执法全过程记录制度 重大执法决定法制审核制度的指导意见》（国办发〔2018〕118号）；《失信行为纠正后的信用信息修复指南》第十一条。

第四章

查封、扣押相关问题

SHENGTAI HUANJING
XINGZHENG CHUFA 50 WEN

35 如何认定实施查封、扣押的事实证据？

答：生态环境主管部门实施的查封、扣押应属于行政强制措施，是一项临时性措施，主要是在制止环境污染违法行为、防止证据灭失、避免环境危害后果发生、控制污染扩大等情形下才能实施。生态环境主管部门在实施查封、扣押时要严格遵守法律、法规规定的适用情形。根据《环境保护法》等法律的规定，实施查封、扣押主要查明当事人违反法律法规规定排放大气污染物，造成或者可能造成严重污染的，或者有关证据可能灭失或者被隐匿的事实。按照《环境保护主管部门实施查封、扣押办法》第九条的规定，实施查封、扣押前，应当做好调查取证工作。查封、扣押的证据包括现场检查笔录、调查询问笔录、环境监测报告、视听资料、证人证言和其他证明材料。

生态环境主管部门在实施查封、扣押时，对于事实的认定和证据的调查要把握以下几点：

（1）查实行为的违法性。实施查封、扣押的对象要有违反法律法规规定排放大气污染物，造成或者可能造成严重污染的，或者有关证据可能灭失或者被隐匿的事实。需要注意的是，噪声污染的查封、扣押特别规定只有排放噪声造成严重污染，被责令改正拒不改正的，才可以实施查封、扣押。在执法实践中存在的主要问题：一是在没有违法事实情况下执法人员实施查封、扣押，如生产经营者在接到重污染天气预警通知后已经停止生产，没有排放污染物的事实，执法人员担心生产经营者不按重污染天气预警要求进行生产而发生污染情况，实施了查封、扣押；二是执法人员滥用查封、扣押的证据保全功能，在没有调查取证的情况下，先查封、扣押，后进行调查取证。

（2）实施措施的必要性。查封、扣押是临时性措施，具有“中间性”的行为特征，可以制止严重污染情况的发生及保全证据。执法实践中，实施查封、扣押时往往不具备必要性和紧急性问题，如某地 3 月 1—5 日实行重污染天气管控，生产经营者未实施管控措施排放污染物造成环境严重污染，生态环境主管部门调查取证后于 4 月 1 日进行查封、扣押，显然此时实施查封、扣押不存在必要性和紧急性。

（3）保持适用的谦抑性。《行政强制法》第十六条第二款规定：“违法行为情节显著轻微或者没有明显社会危害的，可以不采取行政强制措施。”同时，对于符合《环境保护主管部门实施查封、扣押办法》第六条规定的情形，可以不予实施查封、扣押。生态环境主管部门实施查封、扣押要严格按照《环境保护主管部门实施查封、扣押办法》第四条和相关法律、法规的规定进行综合考量，严格把握适用的条件，要有证据来证明实施查封、扣押的事实。

总之，生态环境主管部门在查封、扣押前要对违法事实进行全面、客观、公正调查，及时且谨慎实施查封、扣押。

36 实施查封、扣押的法律规定有哪些？

答：实施查封、扣押决定的法律依据是《环境保护法》第二十五条、《行政强制法》第二十五条、《大气污染防治法》第三十条、《固体废物污染环境防治法》第二十七条、《噪声污染防治法》第三十条、《土壤污染防治法》第七十八条、《环境保护主管部门实施查封、扣押办法》第四条等。

解除查封、扣押的法律依据是《行政强制法》第二十八条，《环境保护主管部门实施查封、扣押办法》第十九条、第二十条等。

结合实施查封、扣押的具体案例，常见的法律适用问题主要有：

（1）查封、扣押决定书中未准确引用法律、法规、规章规定的相应条款。同时解除查封、扣押的决定时未准确引用法律条款。

（2）无充分理由和证据查封、扣押适用法律规定的兜底条款或等外条款，如依据《环境保护主管部门实施查封、扣押办法》第四条第一款第六项“法律、法规规定的其他造成或者可能造成严重污染的违法排污行为”实施查封扣押，但未能提供相关法律、法规规定依据。

（3）查封扣押与违法行为无关的设施、设备、物品或场所等。在实施查封、扣押时一定做到违法事实和查封、扣押对象的一致。我国的各个污染防治法律规定查封、扣押对象各不同：排放水污染物的，可以查封、扣押造成水污染物排放的设施、设备；排放大气污染物的，可以查封、扣押有关设施、设备、物品；排放固体废物污染的，可以对违法收集、贮存、运输、利用、处置的固体废物及设施、设备、场所、工具、物品予以查封、扣押；排放噪声污染的，可以查封、扣押场所、设施、设备、工具和物品；排放有毒有害物质，造成或者可能造成严重土壤污染的，可以查封、扣押有关设施、设备、物品。

37 如何实施查封、扣押？

答：实施查封、扣押的程序包括调查取证、审批、决定、执行、送达、解除，是一个完整、闭环的程序。实施查封、扣押有以下步骤：

（1）调查取证。生态环境主管部门实施查封、扣押前，应当做好调查取证工作。调查取证要按照《行政处罚法》《处罚办法》等规定，对生态环境违法行为进行全面、客观、公正的调查，收集有关证据。

（2）查封、扣押审批。需要实施查封、扣押的，应当书面报经生态环境主管部门负责人批准。情况紧急，需要当场实施查封、扣押的，应当在实施后二十四小时内补办批准手续。

查封、扣押在审批前是否要进行法制审核和集体讨论？一是法律没有规定法制审核要求，如果各地的法制审核范围中明确的，应当进行法制审核。法制审核不需要单独制作法制审核表，直接在查封/扣押（解除查封/扣押）审批表中进行法制审核意见签署。二是视情况进行集体讨论。如果案情重大或者社会影响较大的，应当由生态环境主管部门案件审查委员会集体讨论决定。案情重大或者社会影响较大的认定以各地的集体讨论的范围为准。

（3）查封、扣押决定。生态环境主管部门决定实施查封、扣押的，应当制作查封、扣押决定书和清单。查封、扣押决定书应当载明下列事项：①排污者的基本情况，包括名称或者姓名、统一社会信用代码或者居民身份证号码、地址以及法定代表人或者主要负责人姓名等；②查封、扣押的依据和期限；③查封、扣押设施、设备等的名称、数量和存放地点等；④排污者应当履行的相关义务及申请行政复议或者提起行政诉讼的途径和期限；⑤生态环境主管部门的名称、印章和决定日期。

在作出查封、扣押决定时要特别注意查封、扣押的期限不得超过三十日；情况复杂的，经本级生态环境主管部门负责人批准可以延长，但延长期限不得超过三十日。查封、扣押期限是从实施查封、扣押之日起计算起始日期，三十日为自然日，需要注意大月、小月和平月的自然日区分。

（4）查封、扣押执行。《行政强制法》明确规定，查封、扣押应当由法律、法规规定的行政机关实施，其他任何行政机关或者组织不得实施。

实施查封、扣押应当符合下列要求：一是由两名以上具有行政执法资格的行政执法人员实施，并出示执法身份证件。二是通知当事人或者受委托人到场，当场告知实施查封、扣押的依据以及依法享有的权利、救济途径，并听取当事人陈述和申辩。三是制作现场笔录，必要时可以进行现场拍摄。现场笔录的内容应当包括查封、扣押实施的起止时间和地点等。四是当场清点并制作查封、扣押设施、设备清单，由当事人和行政执法人员分别收执。委托第三人保管的，应同时交第三人收执。行政执法人员可以对上述过程进行现场拍摄。五是现场笔录和查封、扣押设施、设备清单由当事人和行政执法人员签名或者盖章。六是张贴封条或者采取其他方式，明示生态环境主管部门已实施查封、扣押。

实施查封、扣押时应特别注意以下几点：一是要制作现场查封笔录，可参考查封 / 扣押现场笔录模板进行制作；二是要履行当场告知程序，要告知当事人实施查封、扣押的依据以及依法享有的权利、救济途径，并听取其陈述和申辩，并将告知内容在现场笔录中予以记录；三是要制作查封、扣押清单，参考查封 / 扣押清单模板，详细记载查封、扣押设施、设备、场所、工具、物品。

（5）查封、扣押决定书的送达。查封、扣押决定书应当场交付当事人或者受委托人签收。当事人或者受委托人应当场签名或者盖章，注明日期。实施查封、扣押过程中，当事人或者受委托人拒不到场或者拒绝签名、盖章的，行政执法人员应当予以注明，并可以邀请见证人到场，由见证人和行政执法人员签名或者盖章。

作出延长查封、扣押的决定应当及时书面告知当事人，并说明理由。

涉嫌环境污染犯罪已由公安机关立案侦查的，生态环境主管部门应当依法移送查封、扣押的设施、设备及有关法律文书、清单。

（6）查封、扣押解除。解除是查封、扣押的必要程序，解除的情形有申请解除和主动解除两种情形：一是申请解除。当事人在查封、扣押期限届满前，可以向决定实施查封、扣押的生态环境主管部门提出解除查封、扣押申请，并附具相关证明材料。生态环境主管部门应当自收到解除查封、扣押申请之日起五个工作日内组织核查，确已改正违反法律、法规规定排放污染物行为的，解除查封、扣押。二是主动解除。生态环境主管部门实施查封、扣押后，应当及时查清事实，有下列情形之一的，应当立即作出解除查封、扣押决定：①对违反法律、法规规定排放污染物行为已经作出行政处罚或者处理决定，不再需要实施查封、扣押的；②查封、扣押期限已经届满的；③其他不再需要实施查封、扣押的情形。

查封、扣押措施被解除的，生态环境主管部门应当立即通知当事人，并自解除查封、扣押决定作出之日起三个工作日内送达解除决定。扣押措施被解除的，还应当通知当事人领回扣押物；无法通知的，生态环境主管部门应当进行公告，当事人应当自招领公告发布之日起六十日内领回扣押物；逾期未领回的，所造成的损失由当事人自行承担。扣押物无法返还的，生态环境主管部门可以委托拍卖机构依法拍卖或者变卖，所得款项上缴国库。

第五章

处罚决定执行相关问题

SHENGTAI HUANJING
XINGZHENG CHUFA 50 WEN

第五章

38 生态环境主管部门申请行政强制执行前的“催告”应当什么时间作出？

答：《行政强制法》第五十四条规定：“行政机关申请人民法院强制执行前，应当催告当事人履行义务。催告书送达十日后当事人仍未履行义务的，行政机关可以向所在地有管辖权的人民法院申请强制执行；执行对象是不动产的，向不动产所在地有管辖权的人民法院申请强制执行。”《最高人民法院关于适用〈中华人民共和国行政诉讼法〉的解释》（法释〔2018〕1号）第一百五十五条第一款规定：“行政机关根据行政诉讼法第九十七条的规定申请执行其行政行为，应当具备以下条件……（五）被申请人在行政行为确定的期限内或者行政机关催告期限内未履行义务……”

根据上述法律、规定，催告书送达十日后当事人仍未履行义务的，行政机关方可向人民法院申请强制执行。这是时间中的“下限”（终点）标准。但《行政强制法》第五十三条规定：“当事人在法定期限内不申请行政复议或者提起行政诉讼，又不履行行政决定的，没有行政强制执行权的行政机关可以自期限届满之日起三个月内，依照本章规定申请人民法院强制执行。”也就是说，生态环境主管部门申请人民法院强制执行的，不仅要以当事人在规定期限内未履行义务为前提，而且须等待当事人超过申请行政复议和提起行政诉讼的期限（作出处罚决定后六个月）。但这一条并没有明确催告书是否也要等到超过申请行政复议和提起行政诉讼的期限后才能发出。

在执法实践中应当进行这样的解读：（1）生态环境主管部门不得在当事人申请行政复议和提起行政诉讼期限届满之前申请人民法院强制执行，但并不是说不能在此前对当事人进行催告。当事人超过行政复议和行政诉讼期限是行政机关申请人民法院强制执行的条件，而不是行政机关进行催告的条件。（2）催告书送达十日后当事人仍未履行义务的，生态环境主管部门才可申请人民法院强制执行。结合前两点，生态环境主管部门只有在同时符合“当事人超过行政复议和行政诉讼期限还未履行义务”和“催告书送达已超过十日”两个条件时方可申请人民法院强制执行。

关联法条

《行政处罚法》第七十二条；《行政强制法》第五十三条、第五十四条。

39 如何在执法实践中使用“加处罚款”[36]？

答：依据《行政强制法》第十二条的规定，加处罚款是行政强制执行的一种方式。加处罚款决定应当由作出作为基础行为罚款决定的行政机关作出。谁有权作出罚款决定，谁就有权作出加处罚款决定。

按照法律规定，当事人到期不缴纳罚款的，行政机关可以（并非必须）加处罚款。因此，在制定相关文书模板时，不建议省去“可以”两字，默认只要当事人到期不履行缴纳罚款义务即自动加处罚款的做法与相关法律精神不相符合。执法实践中，行政机关可以根据具体案情，作出加处罚款或不加处罚款的决定：对于有履行能力的当事人，可以作出加处罚款的决定；对于确有具体困难并主动说明情况的，可以不加处罚款。此外，《行政强制法》第四十二条还规定了当事人采取补救措施的，可以减免加处的罚款。

在执法实践中，如果生态环境主管部门在行政处罚决定中未明确执行加处罚款的内容，也未单独作出加处罚款的行政决定，生态环境主管部门不可以直接根据法律规定对当事人强制执行加处罚款。尽管相关法律、法规对加处罚款的标准规定比较明确（每日按罚款数额的 3% 加罚），但这只是抽象的法律条文。生态环境主管部门如果要对当事人执行加处罚款，就必须要有明确的行政决定内容，而且要明确告知具体标准，以及申请行政复议或者提起行政诉讼的权利和期限。只有这样，抽象的义务才能成为具体的义务，强制执行才有具体根据。需要强调的是，如果在处罚决定书中有“逾期不缴纳罚款，我局可以根据……的规定加处罚款”等不确定的表述，视为未明确作出加处罚款决定。

加处罚款的行政决定可以单独作出，也可以在行政处罚决定中一并明确。实践中，通常有两种情况：一是生态环境主管部门在行政处罚决定中未载明加处罚款的内容，当事人逾期未履行的，另行作出单独的加处罚款决定，并向当事人送达；二是加处罚款的行政决定在行政处罚决定中一并明确，如在行政处罚决定书尾部告知“当事人逾期未履行行政处罚决定的，我局将根据《行政处罚法》第七十二条第一款的规定，每日按罚款数额的百分之三加处罚款，加处罚款的数额不得超出罚款的数额，并依照《行政强制法》的规定申请人民法院强制执行”，这就属于在作出行政处罚决定时已一并明确执行加处罚款的内容，无须再单独作出加处罚款的行政决定。

关联法条

《行政处罚法》第七十二条；《行政强制法》第十二条、第四十二条、第四十五条、第四十六条。

40 生态环境主管部门向法院申请非诉执行后，能否减免处罚决定的加处罚款或滞纳金？

答：行政处罚决定作出之后，当事人在规定的期限内不履行处罚决定所规定义务时，行政决定就进入到强制执行程序。法律规定行政机关具有强制执行权的，行政机关可以依法强制执行，这称为“行政执行”。由于生态环境主管部门不具有强制执行权，可以依法向人民法院申请强制执行，这称为“非诉执行”。

在非诉执行中，生态环境主管部门是否可以免除当事人的加处罚款或滞纳金？

非诉程序其实是一种司法程序，它并不适用《行政强制法》第四十二条，因为第四十二条是处于《行政强制法》“第四章　行政机关强制执行程序”中，而不是在“第五章　申请人民法院强制执行”，也不在“第

一章　总则”中。但是《全国人大常委会法工委对行政处罚加处罚款能否进行减免问题的意见》（法工办发〔2019〕82号）规定：“行政强制法第四十二条第一款规定：‘实施行政强制执行，行政机关可以在不损害公共利益和他人合法权益的情况下，与当事人达成执行协议。执行协议可以约定分阶段履行；当事人采取补救措施的，可以减免加处的罚款或者滞纳金。’该规定中‘实施行政强制执行’包括行政机关自行强制执行，也包括行政机关申请法院强制执行。人民法院受理行政强制执行申请后，行政机关不宜减免加处的罚款。”这是有权解释，工作中按此办理即可。

因此，在基层执法实践中，生态环境主管部门向人民法院申请非诉执行，在人民法院未受理行政强制执行申请之前，生态环境主管部门可以综合考虑当事人采取的补救措施，酌情减免相应的加处罚款或者滞纳金，也可以在不损害公共利益和他人合法权益的情况下，与当事人达成协议，当事人可以按照协议约定分阶段履行。这种情况下，仍属于人民法院审查过程中，生态环境主管部门与被执行人之间达成执行协议的，生态环境主管部门应该主动撤回执行申请，人民法院应当裁定准予撤回申请；人民法院受理行政强制执行申请后，生态环境主管部门不宜且无权再减免处罚决定中的加处罚款或滞纳金，应由人民法院按照非诉行政执行案件程序依法依规作出裁定。

关联法条

《行政处罚法》第七十二条；《行政强制法》第四十二条。

关联规定

《全国人大常委会法工委对行政处罚加处罚款能否进行减免问题的意见》（法工办发〔2019〕82号）。

第六章

不予处罚相关问题

SHENGTAI HUANJING
XINGZHENG CHUFA 50 WEN

41 如何区分轻微违法不予行政处罚和初次违法不予行政处罚？

答：不予行政处罚是指行政机关经调查发现违法行为在满足一定条件的前提下，对本应给予行政处罚的违法行为人，免除对其作出行政处罚。行政处罚具有惩戒违法行为的性质，同时也具有预防和减少违法行为的功能。对于轻微违法或者初次违法不予行政处罚，而是进行教育，也能起到预防和减少严重违法、降低社会危害的作用，同时也是“处罚与教育相结合”原则的具体体现。[37] 此外，不予行政处罚制度在当前营商环境建设进程中可持续发挥重要功能，对于缓解有限执法资源和繁重执法任务之间的矛盾也能够发挥一定作用。[38]

某些行为虽不予行政处罚，但在本质上仍然属于违法行为。生态环境领域一些违法行为违法性较弱，违法情形比较轻微没有造成危害后果，且当事人及时做了改正，尽管这种行为破坏了生态环境的行政管理秩序，构成了行政违法行为，但不必给予行政处罚。

“轻微违法不予处罚”与“初次违法可以不罚”均属于“慎罚”制度，但两者还是有一定区别。首先，“轻微违法不予行政处罚”必须同时满足“违法行为轻微”“及时改正”“没有造成危害后果”三个要件；“初次违法可以不罚”须同时满足“属于初次”“危害后果轻微”“及时改正”三个要件。其中，“违法行为轻微”可以综合考虑违法行为的具体方式或手段、当事人的主观过错程度等因素判定；“及时改正”可以综合考虑当事人所采取的改正措施及效果等因素判定；“没有造成危害后果”和“危害后果轻微”可以综合考虑当事人违法行为危害的具体对象、持续时间、影响的范围和社会危害性等因素判定；对于是否属于“初次违法”，参照各地清单规定的类似情形和期限进行判定。其次，“不予行政处罚”是“绝对不罚”。在“不予行政处罚”情形下，行政机关对当事人实施处罚的，属于行政违法；“可以不罚”不是应当不罚，是“相对不罚”，在“可以不予行政处罚”的情形下，生态环境主管部门具有一定的裁量空间，对此要正确行使裁量权，防止权力滥用，并结合各地不予处罚清单规定，统一执法尺度。

关联法条

《行政处罚法》第三十三条第一款。

42 对于不予行政处罚的决定，也须履行事先告知的义务吗？

答：《行政处罚法》第四十四条规定的行政处罚决定，既包括拟作出的给予行政处罚的决定，也包括不予行政处罚的决定。也就是说，行政机关对当事人的事先告知义务，不仅适用给予行政处罚的决定，同样适用不予行政处罚的决定。

不予行政处罚的决定虽然是不予处罚，对当事人有利，但作出不予处罚决定的前提是当事人存在违法事实，可能所认定的（违法）事实和理由当事人依然不能接受，有时也不排除当事人对执法主体资格的异议。

在执法实践中，行政机关作出不予行政处罚的决定之前，仍要告知当事人具有陈述、申辩的权利。但是，对于不予行政处罚决定无须告知听证权，因为根据《行政处罚法》第六十三条规定，这类案件不够听证条件。

关联法条

《行政处罚法》第四十四条、第五十七条、第六十三条；《处罚办法》第五十三条。

43 不予行政处罚和撤案有哪些区别？

答：《行政处罚法》第三十三条第一款规定："违法行为轻微并及时改正，没有造成危害后果的，不予行政处罚。初次违法且危害后果轻微并及时改正的，可以不予行政处罚。"上述规定中的"不予行政处罚"隐含了行为的违法性，即违法事实成立。这种情况下，决定不予行政处罚的，应当制作不予行政处罚决定书，同时应当对当事人进行教育。

《行政处罚法》第三十三条第二款规定："当事人有证据足以证明没有主观过错的，不予行政处罚。法律、行政法规另有规定的，从其规定。"行政违法责任是推定过错责任，当事人陈述、申辩其没有主观过错时，行政机关有义务予以核实并进行回应。当事人能够证明没有主观过错时，则不构成行政违法，即违法事实不成立。这种情况下，决定不予行政处罚的，应当撤销立案。

《行政处罚法》第五十七条第一款第三项规定："调查终结，行政机关负责人应当对调查结果进行审查，根据不同情况，分别作出如下决定：（三）违法事实不能成立的，不予行政处罚……"这种情况下的不予行政处罚是由于违法事实不成立，当事人的行为本身不具有违法性。因此，决定不予行政处罚的，也应及时撤销立案。

关联法条

《行政处罚法》第三十三条、第五十七条；《处罚办法》第四十二条、第五十三条。

第七章

行政处罚其他问题

SHENGTAI HUANJING
XINGZHENG CHUFA 50 WEN

44 如何复查违法行为的改正情况[39]？

答：根据《处罚办法》第七十七条第一项的规定，复查当事人违法行为改正情况是对所有生态环境违法案件结案前提出的普遍性要求。在执法实践中，一旦发现违法行为，行政执法机关就应对当事人下达《责令改正违法行为决定书》，而责令当事人立即改正或者限期改正违法行为的内容是否履行到位，需要行政执法机关对当事人违法行为改正情况予以认定。也就是说，从下达责令改正、处罚决定至履行到位、违法行为整改完成才算一个案件的完整闭环。因此，至少在结案前需对已下达的“责令改正内容”予以跟踪检查、复查审查。此外，《环境保护主管部门实施按日连续处罚办法》第十条和《环境保护主管部门实施限制生产、停产整治办法》第十九条、第二十条也有相关的规定要求。

《处罚办法》第四十五条至第四十八条要求将当事人陈述申辩和听证情况纳入案卷，对当事人提出的事实、理由和证据应当进行复核。在基层执法实践中，复核当事人申辩情况、听证意见就不可避免地要启动复查、跟踪检查程序。《处罚办法》第四十一条要求，行使生态环境行政处罚裁量权应考虑“当事人改正违法行为的态度和所采取的改正措施及效果”这一情节，改正措施及效果在立案调查初期往往不容易认定，需要在一定期限内持续跟踪认定。因此，在作出处罚决定前应充分考虑各个裁量情节，而复查、跟踪检查情况是一个重要的裁量依据，可以体现出当事人的认罚态度，是否积极整改、整改效果等，从而有利于作出合理的处罚决定，并将采纳情况及理由写入处罚决定书，以充分保障当事人的合法权益。

跟踪检查应注意以下环节：（1）案件调查初期。对违法情节轻微、及时整改、没有造成危害后果的可依法适用不予处罚，是否及时整改及整改效果需要在跟踪检查中搜集相关证据材料予以支撑。（2）处罚决定作出前。行政执法机关对违法行为、责令改正内容进行跟踪检查，复查情况可纳入行政处罚量罚情节予以考虑。（3）处罚决定作出后。继续跟踪检查相关违法行为整改情况，将其作为结案的前置条件（如违法行为在处罚决定作出时已整改到位，此环节可省略）。执法人员在跟踪检查时，根据违法案由的实际情况可以开展现场核查和非现场核查。需要现场核查才能判定违法行为是否改正到位的，应制作现场检查（勘察）笔录；通过非现场核查就可以判定违法行为是否改正到位的，应保存相关视频、照片等资料，切忌一罚了之和以罚代管。

关联法条

《行政处罚法》第二十八条；《处罚办法》第四十一条、第七十七条；《环境保护主管部门实施按日连续处罚办法》第十条；《环境保护主管部门实施限制生产、停产整治办法》第十九条、第二十条。

45 如何理解违法所得[40]？

答：违法所得不是违法行为人获得的收益，而是实施违法行为所取得的款项，原则上不需要核减其成本支出。法律、法规和部门规章可以对违法所得的计算另行规定。违法所得具体包括以下几种：（1）违法所得实际上是不当得利，任何人都不能从违法行为中获利；（2）实施违法行为时已有所得或者事实能得到，尚未得到的，均应认定为违法所得；（3）违法所得款项指的是货币。如果是易物交易，则应当认定其也属于违法所得。此处应注意区分违法所得和非法财物的不同。非法财物是指违法行为人所占有的违禁品和实施违法行为的工具、物品，不包括加工、生产的产品和经营的商品。这些财物可能原本属于违法行为人的合法财产，因违法行为而转化为非法财产。

认定违法所得需要判定“违法”与“所得”之间要存在因果关系，不能随意扩大认定，即违法行为要有违法所得，如纯粹的程序性违法，比如环境影响登记表未报备案的，不产生违法所得，则无须核算违法所得。同时需要贯彻民事责任优先原则。根据《民法典》第一百八十七条“民事主体因同一行为应当承担民事责任、行政责任和刑事责任的，承担行政责任或者刑事责任不影响承担民事责任；民事主体的财产不足以支付的，优先用于承担民事责任”的规定，有违法所得的，除依法应当退赔的外，其他均应予以没收。

特别需要注意的是，没收违法所得属于《行政处罚法》中规定的普遍性授权，其与责令当事人改正或者限期改正违法行为一样，是实施行政处罚时应当同步考虑的。虽然生态环境主管部门相关违法行为的“违”“罚”分散在各个单行法以及法规、规章中，但“责”“程序”主要在《行政处罚法》中规定。

在基层执法实践中，即使相关环境违法行为按照单行法以及法规、规章对应的罚则未提及“没收违法所得”，若当事人实施了该项违法行为，且因该行为取得了相应的违法款项，则仍然要依据《行政处罚法》第二十八条第二款的规定，作出没收违法所得的处罚决定。

关联法条

《行政处罚法》第二十八条；《处罚办法》第八十八条。

46 如何将行政处罚和刑事处罚进行衔接？行政机关可否先行作出行政处罚决定？

答：公民、法人或者其他组织违反行政管理秩序的行为，既可能会受到行政处罚，又可能构成犯罪受到刑事处罚，所以往往需要确定对该违法行为先予以行政处罚还是先予以刑事处罚，或是既予以行政处罚又予以刑事处罚。一般认为，刑事处罚的制裁程度比行政处罚更为严厉，理应优先得到实施；同时刑事程序也比行政程序更加严密，司法机关经刑事程序认定的事实和证据一般应被行政机关所采纳，而行政机关经行政程序认定的事实和证据往往还要接受司法机关重新审查和认定，因此“刑事优先”被普遍视为行政处罚和刑事处罚衔接的一个基本原则。[41] 在执法实践中，通常会出现以下几种情形：

第一种是生态环境主管部门认为行为人的行为只违反了行政管理秩序，因此依据行政法律规范的相关规定对其作出了行政处罚。行政处罚执行后生态环境主管部门又意识到该行为涉嫌犯罪，因此将案件移送给司法机关进行调查和审判，司法机关经调查审判后对行为人作出刑事处罚。此种情况下，法律对同一违法行为设定的刑事处罚和行政处罚属于同一种类的重叠部分，在给予刑事处罚时应将同一种类的处罚进行折抵。如生态环境主管部门已经给予当事人罚款的，人民法院判处罚金时，折抵相应罚金。如公安机关已经给予当事人行政拘留的，人民法院判处拘役或者有期徒刑时，要依法折抵相应刑期。

第二种是生态环境主管部门在调查过程中认为当事人的行为涉嫌构成犯罪，因此按程序将案件移送给司法机关，司法机关审查后认为该行为构成犯罪对其作出刑事处罚。此时，行政处罚与刑事处罚不重叠的责任类型，生态环境主管部门可以先行作出，也可以在移送后作出。但同一违法行为依法既应受到行政处罚，又因构成犯罪而应当受到刑事处罚的，在给予刑事处罚后，不再给予同一类型的行政处罚，但可以依法给予不同种类的行政处罚。如违法行为构成犯罪，生态环境主管部门如果已经依法作出警告、责令停产停业、暂扣或者吊销许可证件的行政处罚决定的，不停止执行。人民法院判处罚金时，生态环境主管部门尚未给予当事人罚款的，在刑事处罚判处罚金后，生态环境主管部门不再处以罚款。

第三种是生态环境主管部门发现违法行为涉嫌犯罪的，未对其进行行政处罚并将案件移送司法机关，追究行政相对人的刑事责任，但公安机关决定不予立案或者撤销案件，或者人民检察院作出不起诉决定，或者人民法院作出无罪或者免予刑事处罚的判决，公安和司法机关应将案件再次移送回生态环境主管部门。此时，生态环境主管部门应当依法实施行政处罚。

综上所述，在基层执法实践中，应秉持刑事优先和充分履职相结合的原则，切实发挥行政执法与刑事司法对于惩治环境资源违法犯罪的合力。建议行政执法人员在发现行政相对人的生态环境违法行为触犯刑法的情形下，应同步启动行政执法程序予以立案调查；对于可以及时制止环境违法行为扩大的行政处罚，如吊销许可证件、责令停产整治、责令停产停业等，应及时作出后再将案件移送公安机关，追究行政相对人的刑事责任。

关联法条

《行政处罚法》第八条、第二十七条、第八十二条；《处罚办法》第五十四条。

47 如何对生态环境执法实践中的建设项目“总投资额”进行认定[42]？

答：2018年，生态环境部联合国家发展和改革委员会印发《关于生态环境执法中建设项目“总投资额”认定问题的指导意见（试行）》（环政法〔2018〕85号）(以下简称《指导意见》)，2019年，生态环境部印发《关于建设项目总投资额认定有关意见的复函》（环办法规函〔2019〕338号），两份文件均对生态环境执法中作为处罚基准的建设项目总投资额认定问题提出了具体的指导意见。

首先要强调的是，仅有企业工作人员在调查询问中的自认，是不能作为总投资额认定依据的。尤其不得以此为借口协商执法、人情执法，增加失职渎职风险。行政执法人员必须严格落实《指导意见》中关于确认建设项目总投资额的方式及要求，要求建设单位有关责任人出具证明文件等操作方式。

对非审批制管理的政府投资项目、核准及备案制管理的企业投资项目，在确实不具备其他认定条件的情况下，由建设单位有关负责人出具证明文件确认总投资额的，行政执法机关可以采取以下几种方式固定证据。

（1）详细勘察现场。对主体工程、生产设施、环保设施、公用设施等建设现状做细致记录并拍照、录像，确认项目建设现状并作为后续与相关人员口供相互印证的证据，也可作为责令停止建设后，现场复核是否拒不改正的参照。

（2）调取各类书证。要求建设单位提供项目发包合同、设备采购合同、施工合同、各类款项发票、收款收据和支付记录等证据材料，尽量保证建设单位确认投资额的客观性。

（3）分别询问调查。对建设单位负责人，承担项目管理、财务、施工、采购甚至供货等环节的具体经办人、负责人等进行调查询问。围绕项目建设规模、施工进度、给付方式和资金投入等方面，收集多人口供，并在细节上相互印证。根据询问情况，进一步收集客观证据，一并佐证现场勘察、调取书证及建设单位确认的投资额。

（4）由建设单位负责人出具项目建设清单、资金支出明细，签字并盖公章；现场勘察、调查询问过程全程录像并留存备查。

关联法条

《环境影响评价法》第三十一条。

关联规定

《关于生态环境执法中建设项目“总投资额”认定问题的指导意见（试行）》（环政法〔2018〕85号）；《关于建设项目总投资额认定有关意见的复函》（环办法规函〔2019〕338号）。

48 如何理解“危险废物贮存的法律适用问题”？

答：《固体废物污染环境防治法》（以下简称《固废法》）第七十九条规定：“产生危险废物的单位，应当按照国家有关规定和环境保护标准要求贮存、利用、处置危险废物，不得擅自倾倒、堆放。”

对应罚则所在的《固废法》第一百一十二条，将“擅自堆放危险废物”与“未按照国家环境保护标准贮存危险废物”分列在第一款第三项与第六项。在该条第二款中，对上述两种行为规定了不同处罚的幅度：有第一款第六项行为的，处十万元以上一百万元以下的罚款；有第一款第三项行为的，处所需处置费用三倍以上五倍以下的罚款，所需处置费用不足二十万元的，按二十万元计算。也就是说，对擅自堆放危险废物的违法行为，如果处置费用不足二十万元，则法定处罚额度为六十万元以上一百万元以下。

由于处罚额相差巨大，对于一些不规范放置危险废物的行为，如堆放在车间内、露天堆放等违法行为应该如何处罚，实务中存在较大的争议。

《固废法》第七十九条要求产废单位按照国家有关规定和环境保护标准要求贮存危险废物。那么何种行为属于违反此规定呢？只要不满足国家标准贮存危险废物都属于违反此规定，不仅包括已在特定设施、场所贮存但不满足国家环境保护标准的行为，还包括没有在特定设施、场所贮存的行为。

擅自堆放危险废物是否需要造成污染后果呢？《固废法》第一百一十二条第一款第十项如此表述，“未采取相应防范措施，造成危险废物扬散、流失、渗漏或者其他环境污染的”。由此可见，如果需要有污染后果，法条中必然会有相应表述。因此，“擅自倾倒、堆放危险废物”必须造成污染后果才能进行处罚，不符合立法本意。

那么，何种行为属于“擅自堆放危险废物”？“擅自”应包括主观故意，主观故意又包括直接故意和间接故意。无论是直接故意还是间接故意，“擅自”堆放危险废物的场所应该符合较少人知晓、缺乏现场管理，易产生扬散、流失、渗漏的特征。而擅自堆放的危险废物，应该是短时间内无法进行利用、处置或者缺乏管理计划的危险废物。一些企业虽然没有在危险废物贮存设施、场所堆放危险废物，例如将危险废物堆放在厂区车间或者仓库里的，或者露天堆放在厂区内，这些不规范放置危险废物的场地很明显，企业职工均知晓，企业堆放的目的是临时性暂存且有近期处置的计划，或者有意识采取部分防护措施的，这种情况下，不宜认定为“擅自堆放危险废物”，应认定为“未按照国家环境保护标准贮存危险废物”更为合适。

综上所述，“擅自堆放危险废物”与“未按照国家环境保护标准贮存危险废物”两种违法行为的判定，主要综合分析当事人的主观心理、堆放场所的隐蔽性、堆放行为的目的性以及堆放现场的防护措施等，通过主、客观相统一的认定，做到过罚相当。

关联法条

《固体废物污染环境防治法》第七十九条、第一百一十二条。

49 排污单位与第三方运营公司如何承担责任[43]？

答：依照《环境保护法》《排污许可管理条例》等规定，重点排污单位具有规范安装使用监测设备、保证监测设备正常运行并及时报告异常情况等法定义务。出现污染源在线监测设备未正常运行或者篡改、伪造在线监测数据等行为，生态环境主管部门有权对排污单位予以行政处罚。

在执法实践中，虽然排污单位需承担环境保护的主体责任，但发生环境违法行为后，第三方运营公司并非不承担任何责任。

（1）《广东省环境保护条例》《辽宁省环境保护条例》等地方性条例设定了受委托单位运营管理污染防治设施的法定义务及其相应的法律责任。因此，在地方性规定有明确处罚罚则的情况下，第三方运营公司未按照法律、法规和相关技术规范的要求运营防治污染设施或者实施污染治理，或在运营防治污染设施或实施污染治理中弄虚作假的，生态环境主管部门可以对第三方运营公司进行查处。

（2）《国务院办公厅关于推行环境污染第三方治理的意见》《环境保护部关于推进环境污染第三方治理的实施意见》均明确“第三方治理单位应按有关法律法规和标准及合同要求，承担相应的法律责任和合同约定的责任”。因此，由于第三方运营公司原因导致环境违法的情况发生时，虽然行政责任不能通过民事委托合同进行转移，但如果合同中有明确约定，排污单位在受行政处罚后，可向第三方公司提起民事诉讼索赔。同时，根据《环境保护法》第六十五条的规定，如果第三方公司在有关环境服务活动中弄虚作假，对造成的环境污染和生态破坏负有责任的，需要承担生态环境损害赔偿连带责任。

（3）根据《环境监测数据弄虚作假行为判定及处理办法》（环发〔2015〕175 号）第十二条的规定，环境监测设备运维机构篡改、伪造监测数据或出具虚假监测报告的，将被采取信用惩戒等处理措施。

（4）根据《最高人民法院、最高人民检察院关于办理环境污染刑事案件适用法律若干问题的解释》第十一条的规定，如果第三方运营公司实施修改系统参数、修改监测数据、干扰系统采样或其他破坏环境质量监测系统行为，后果严重的，将承担相应刑事责任。

在执法实践中，排污单位需要承担环境保护的主体责任毋庸置疑，但如果第三方运营公司未按照法律、法规和相关技术规范的要求运行防治污染设施或者实施污染治理，或者在运行防治污染设施或者实施污染治理中弄虚作假的，可能会承担民事、刑事、行政等各类责任。

关联法条

《环境保护法》第四十二条、第六十五条；《排污许可管理条例》第二十条；《最高人民法院 最高人民检察院关于办理环境污染刑事案件适用法律若干问题的解释》第十一条。

关联规定

《环境监测数据弄虚作假行为判定及处理办法》（环发〔2015〕175号）第十二条。

50 生态环境执法领域是否存在共同违法行为？对于生态环境执法领域的共同违法行为，应该共同处罚还是分别处罚[44]？

答：《治安管理处罚法》第十七条第一款规定："共同违反治安管理的，根据违反治安管理行为人在违反治安管理行为中所起的作用，分别处罚。"《海关行政处罚实施条例》第五十二条规定："对 2 个以上当事人共同实施的违法行为，应当区别情节及责任，分别给予处罚。"《水行政处罚实施办法》第六条第二款规定："两个以上当事人共同实施违法行为的，应当根据各自的违法情节，分别给予行政处罚。"

简言之，虽然《行政处罚法》没有规定共同违法制度，但对某个领域或者某类违法行为而言，是否需要区分共同违法，应依据相应领域的法律法规、规章执行。

目前，生态环境执法领域没有关于共同违法的相关规定，但这并不代表在生态环境执法实践中，不会出现 2 个及以上的当事人共同故意实施行政违法行为的情况。执法实践中存在 2 个及以上当事人（自然人或单位）共同实施违反生态环境相关法律法规的行为，也存在共同违法行为。例如，2 个或者 2 个以上的自然人共同实施倾倒工业固体废物的违法行为，一部分人负责联络场地，另一部分人负责具体倾倒行为。

对于共同违法，应当共同处罚还是分别处罚，执法实践中存在不同观点。第一种观点认为，共同处罚是将多个共同违法当事人视为一个违法主体，统一定性处罚，违法当事人之间承担连带责任。第二种观点认为，对共同违法行为中的多个违法当事人，应当根据实施行为的情节、性质、后果分别处罚。第一种共同处罚的方式中，行政机关在作出行政处罚时无须对各当事人的责任轻重进行区分，这虽然能够提高执法效率，但可能违反行政处罚的合理性原则和比例原则，也会给同一违法行为中发挥不同作用的违法当事人带来处罚不公正的问题。第二种分别处罚的方式中，虽然需要对各个当事人的责任轻重进行划分和判定，但能够实现处罚与行为一致，做到相对公平、过罚相当。建议基层执法实践中按照“共同违法，分别处罚”的意见予以处理。

关联法条

《行政处罚法》第五条第二款；《治安管理处罚法》第十七条第一款；《海关行政处罚实施条例》第五十二条；《水行政处罚实施办法》第六条第二款。

参考文献

[1] 许安标 . 中华人民共和国行政处罚法释义 [M]. 北京 : 中国民主法制出版社 , 2021:43.

[2] 李艳芳 . 生态环境行政处罚办法释义 [M]. 北京 : 中国法律出版社 ,2023:14.

[3] 王谦谦 . 生态环境执法之行政处罚 [J]. 环境保护 , 2024, 52（769）:5.

[4] 李洪雷 . 行政处罚制度教程 [M]. 北京 : 中国法制出版社 , 2022:151.

[5] 江必新 . 行政处罚法条文精释与实例精解 [M]. 北京 : 人民法院出版社 , 2021:255.

[6] 江必新 . 行政处罚法条文精释与实例精解 [M]. 北京 : 人民法院出版社 , 2021:165-166.

[7] 李艳芳 . 生态环境行政处罚办法释义 [M]. 北京 : 中国法律出版社 , 2023:28.

[8] 曹晓凡 .《生态环境行政处罚办法》理解与适用 [M]. 北京 : 中国民主法制出版社， 2023:54.

[9] 江必新 . 行政处罚法条文精释与实例精解 [M]. 北京 : 人民法院出版社 , 2021:166.

[10] 李洪雷 . 行政处罚制度教程 [M]. 北京 : 中国法制出版社 , 2022:126.

[11] 李洪雷 . 行政处罚制度教程 [M]. 北京 : 中国法制出版社 , 2022:127.

[12] 李洪雷 . 行政处罚制度教程 [M]. 北京 : 中国法制出版社 , 2022:138.

[13] 江必新 . 行政处罚法条文精释与实例精解 [M]. 北京 : 人民法院出版社 , 2021:223.

[14] 江必新 . 行政处罚法条文精释与实例精解 [M]. 北京 : 人民法院出版社 , 2021:224.

[15] 曹晓凡 .《生态环境行政处罚办法》理解与适用 [M]. 北京 : 中国民主法制出版社 , 2023:81.

[16] 曹晓凡 .《生态环境行政处罚办法》理解与适用 [M]. 北京 : 中国民主法制出版社 , 2023:122.

[17] 岁月，王同林 . 生态环境执法之行政处罚 [J]. 环境保护 , 2024, 52(765): 5.

[18] 江必新 . 行政处罚法条文精释与实例精解 [M]. 北京 : 人民法院出版社 , 2021:251.

[19] 李艳芳 . 生态环境行政处罚办法释义 [M]. 北京 : 中国法律出版社 , 2023:53.

[20] 姚义兰 . 生态环境执法之行政处罚 [J]. 环境保护 , 2024, 52(765): 9.

[21] 许安标 . 中华人民共和国行政处罚法释义 [M]. 北京 : 中国民主法制出版社 , 2021:108.

[22] 许安标 . 中华人民共和国行政处罚法释义 [M]. 北京 : 中国民主法制出版社 , 2021:79.

[23] 袁雪石 . 中华人民共和国行政处罚法释义 [M]. 北京 : 中国法制出版社 , 2021:149.

[24] 江必新 . 行政处罚法条文精释与实例精解 [M]. 北京 : 人民法院出版社 , 2021:116.
[25] 袁雪石 . 中华人民共和国行政处罚法释义 [M]. 北京 : 中国法制出版社 , 2021:162.
[26] 肖静 . 生态环境执法之行政处罚 [J]. 环境保护 , 2023, 51(750): 8.
[27] 杨雾晨 . 生态环境执法之行政处罚 [J]. 环境保护 , 2023, 51(751): 8.
[28] 李艳芳 . 生态环境行政处罚办法释义 [M]. 北京 : 中国法律出版社 , 2023:142.
[29] 李艳芳 , 生态环境行政处罚办法释义 [M]. 北京 : 中国法律出版社 , 2023:139.
[30] 肖静 . 生态环境执法之行政处罚 [J]. 环境保护 , 2023, 51(754): 8.
[31] 王同林 . 生态环境执法之行政处罚 [J]. 环境保护 , 2023, 51(759): 8.
[32] 胡敏 . 生态环境执法之行政处罚 [J]. 环境保护 , 2024, 52(763): 8.
[33] 于洪达 . 生态环境执法之行政处罚 [J]. 环境保护 , 2024, 52(762): 8.
[34] 袁雪石 . 中华人民共和国行政处罚法释义 [M]. 北京 : 中国法制出版社 , 2021:326.
[35] 黄卓 . 生态环境执法之行政处罚 [J]. 环境保护 , 2024, 52(773): 5.
[36] 肖静 . 生态环境执法之行政处罚 [J]. 环境保护 , 2023, 51(756): 8.
[37] 江必新 . 行政处罚法条文精释与实例精解 [M]. 北京 : 人民法院出版社 , 2021:190.
[38] 李洪雷 . 行政处罚制度教程 [M]. 北京 : 中国法制出版社 , 2022:31.
[39] 黄彩华 . 生态环境执法之行政处罚 [J]. 环境保护 , 2024, 52(770): 5.

[40] 魏香丽 . 生态环境执法之行政处罚 [J]. 环境保护 , 2023, 51(755): 8.

[41] 江必新 . 行政处罚法条文精释与实例精解 [M]. 北京 : 人民法院出版社 , 2021:145.

[42] 周俊 . 生态环境执法之行政处罚 [J]. 环境保护 , 2023, 51(760): 11.

[43] 梁文静 . 生态环境执法之行政处罚 [J]. 环境保护 , 2024, 52(764): 8.

[44] 刘亚萍 . 生态环境执法之行政处罚 [J]. 环境保护 , 2024, 52(768): 6.